M. BLEWITT · NAVIGATORISCHE RATSCHLÄGE FÜR YACHTSKIPPER

MARY BLEWITT
F.R.I.N.

Navigatorische Ratschläge für Yachtskipper

Deutsche Übersetzung und Bearbeitung
Hans G. Strepp

2. überarbeitete Auflage

Verlag Klasing & Co GmbH Bielefeld

Titel der englischen Originalausgabe
NAVIGATION FOR YACHTSMEN
erschienen im Verlag Edward Stanford, London

ISBN 3-87412-032-5

Printed in Germany 1975
Einband: Hans-Jürgen Dohse
Druck: Kunst- und Werbedruck, Bad Oeynhausen 4

Inhalt

Vorwort

Dieses Buch habe ich in der Absicht geschrieben, dem Amateurnavigator zu helfen. Ich gebe indessen keine Erläuterungen des technischen Knowhow, weil es unzählige Bücher gibt, in denen das Besteckzeichnen, Eintragen von Peilungen, die Auswertung der Consol-Funkfeuer, die Erkennung von Leuchtfeuern undsoweiter völlig ausreichend beschrieben sind. Der heutige Navigator kann auf vielerlei Hilfen von Karten, Büchern, Funktechnik und verschiedener Instrumente zurückgreifen; aber die lassen ihn alle im Stich, wenn es ihm an Vor(aus)sicht, Aufmerksamkeit oder Urteilsvermögen fehlt. Es gibt keine Fibel, die ihm sagen könnte, dies und das in dieser oder jener Lage zu tun, und alles sei zum Guten gewendet. Jede Situation ist originell und damit verschieden von allen anderen — höchstens mal mehr oder weniger ähnlich. Nur der Mann an Ort und Stelle zu seinem Zeitpunkt kann entscheiden, welche Möglichkeiten und Wahrscheinlichkeiten bestehen, und was er tun muß. Ich habe dem Navigator bewußtzumachen versucht, daß es eine Anzahl unumgänglicher Fragen gibt, die er sich immer wieder stellen und sich selber beantworten können sollte — etwa solche: Habe ich alle verfügbaren Hilfen genutzt? Hat sich ein unbemerkter Fehler eingeschlichen? Wo bin ich? Was mache ich nun? Vergesse aber ja keiner, daß die Lektüre dieses Buches nicht automatisch aus jedem einen guten Navigator macht — das kann nur Erfahrung in der Praxis schaffen.
Dieses Buch ist vorrangig auf die Navigation von Segelyachten eingestellt, eignet sich aber ebensogut für die Navigation von Motoryachten, wenn man die nur auf die Segelei anwendbaren Kapitel dabei überschlägt. Das Buch wurde sowohl für Fahrten- als auch für Rennsegler geschrieben. Der Regattanavigator weiß vermutlich schon alles, aber ich glaube, daß jeder, der dieses Buch gelesen und verstanden hat, nach etwas Praxis und Befahrenheit sich auch als Regattanavigator anbieten kann, ohne

fürchten zu müssen, sich zu blamieren — mag ihm dabei auch bewußt sein, wie es den meisten von uns bewußt ist, daß er immer noch eine Menge zu lernen hat.
Besonders dankbar bin ich Admiral Mario Bini für seine kritische Hilfe und seinen Artikel über Kompaßdeviation, den ich als Anhang übernommen habe. Es ist dies ein für Laien äußerst abschreckendes Fachgebiet, und es hat mir Freude gemacht, daß es möglich ist, technisch nicht so Interessierten einiges davon verständlich zu machen.
Ich schmeichle mir nicht, daß irgendetwas in diesem Buch originell wäre. Ich habe zu danken: John Illingworth, Myles Wyatt, Michael Richey, Dick Scholfield und vielen anderen, mit denen zu segeln ich das Glück hatte, und von deren Kenntnissen ich lernte und profitierte. Besonders bin ich meinem Mann für seine Hilfe und seinen Rat dankbar. Ich habe nur versucht, alles, was ich im Laufe der Jahre gelernt und erfahren habe, zu sammeln und zu koordinieren und es so denen zu präsentieren, die den Wunsch haben, die Kunst zu beherrschen, den Hafen zu finden.

Mary Blewitt

Vorwort zur ersten Auflage

von Captain John Illingworth, R. N. (Ret.)

„Navigation für Yachtskipper" wird sich als ein nützliches Buch erweisen; teils, weil es ein großes Gebiet behandelt, das nirgends sonstwo ausreichend behandelt worden ist, teils auch, weil es auf verhältnismäßig wenigen Seiten eine Menge Informationen zusammenbringt, die man sich sonst mühsam aus größeren Handbüchern über Navigation zusammensuchen müßte. Unter demselben Vorzeichen wird viel von dem ausgelassen, was für den professionellen Seemann wichtig sein mag, für den Yachtskipper aber überflüssig ist.

Es ist ein geradheraus geschriebenes Buch, dessen Autorin nicht gezögert hat, Ratschläge wie Informationen zu erteilen, wo sie meint, daß es nützlich ist, und dazu ist sie sehr wohl in der Lage. Ihr Rat kommt aus ausgiebiger und aktiver Langstreckensegelei auf beiden Seiten des Atlantik wie auch über den Atlantik. Es sind tatsächlich einundzwanzig Segelsaisons vergangen, seit meine „Myth of Malham" ihr zweites Fastnet Race gewann, bei dem die Autorin für mich navigierte.

Ausrüstung

Kompasse

Der Magnetkompaß ist bei weitem das wichtigste Stück navigatorischer Ausrüstung an Bord einer Yacht, und es ist unsicher, ohne einen in See zu gehen. Wenn du kein Log hast, kannst du immer noch die Fahrt schätzen. Hast du keine Seekarte, *kann* es notfalls eine andere Karte tun, oder du kannst schätzen, in welcher Richtung das Land liegt. Ohne Kompaß kann ein Boot aber schnell völlig verirrt sein. Damit will ich nicht sagen, daß man einen dabei haben muß, wenn man von der vor Anker liegenden Yacht mit dem Beiboot an Land rudert, aber man kann sich leicht vorstellen, daß er bei Nacht und Nebel selbst da nützlich wäre.

Der Hauptkompaß

Der Name sagt schon, daß er der wichtigste Kompaß an Bord ist. Er ist möglichst weit weg von allen magnetischen Störern aufgestellt, und auf ihn werden alle Kurse und Peilungen bezogen. Auf einer kleinen Yacht, die keinen Platz für zwei Kompasse hat, ist der Hauptkompaß gleichzeitig auch der Steuerkompaß. Auf großen Yachten steht der Hauptkompaß oft vor dem Deckshaus mittschiffs unterm Baum, ist flach und hat sowohl einen Peilaufsatz wie einen Schattenstift, mit dem Sonnenazimute gemessen werden. Er braucht einen guten, starken Deckel, der ihn vor Schäden durch schlagende Schoten und ähnliches schützt. Ein solcher Kompaß ist für den Navigator sehr nützlich, aber nicht unbedingt nötig.

Es ist interessant genug, zu erwähnen, daß ein so befahrener Mann wie Rod Stephens in seiner Slup *Mustang* von 9,73 m LWL der Genauigkeit des Kompasses solche Bedeutung beimißt, daß er einen (mit dem Steuerkompaß typengleichen) Hauptkompaß auf eine Säule hinter der Plicht aufs Achterdeck setzte. Ging an einem der beiden Kompasse etwas kaputt, konnten Teile des anderen zur Reparatur genommen werden.

Der Steuerkompaß

Da Hauptkompasse auf Yachten aber selten sind, kümmern wir uns hier nur um die kleineren Yachten, wo der Steuerkompaß auch die Hauptfunktion zu übernehmen hat.

Der Kompaßkauf

Wenn du einen Kompaß für ein neues Boot kaufen mußt oder einen neuen Kompaß für dein altes Boot, dann kaufe den besten. Für Yachten sind die geeignetesten Kompasse solche mit einem vergrößernden Kugelglas, wie sie von Plath, Sestrel und Danforth geliefert werden. Des Kugelkompaß Rose hat eine Teilung zu 360°, und er hat minimale Parallaxe, weil der kardanisch aufgehängte Steuerstrich immer senkrecht bleibt. In der Mitte der Rose sollte sich ein Schattenstift befinden.

Aufstellung des Kompaß

Bei der Wahl des Platzes für den Kompaß kommen verschiedene Überlegungen ins Spiel. In einer neu konstruierten Yacht wird der Konstrukteur einen geeigneten Platz für ihn vorgesehen haben. Muß der Kompaß aber anderswo aufgestellt werden, weil statt der Pinne eine Radsteuerung eingebaut wird, oder was der Grund sonst sein mag, dann muß einiges bedacht werden.
Wie im Anhang dargestellt, können bestimmte Deviationen des Kompaß, falls sie vorhanden sind, nur dadurch beseitigt werden, daß man mit dem Kompaß umzieht oder mit dem Eisen, das die Deviation verursacht. Außerdem könnte eine Aufstellung in zu großer Nähe des Motors Schwierigkeiten mit dem Krängungsfehler machen. Es ist dabei aber zu beachten, daß der Störeinfluß von Eisen mit der dritten Potenz der Entfernung abnimmt, so daß ein paar Dezimeter Stellungswechsel den Unterschied zwischen einer großen Fehlweisung und gar keiner bedeuten können. Die Eignung eines Aufstellungsortes unter magnetischen Gesichtspunkten muß deshalb geprüft werden, *ehe* man den Kompaß unwiderruflich festschraubt.

Der Kompaß sollte über der Längsachse des Schiffs aufgestellt werden, leicht sicht- und lesbar für den Steuermann. Sage nie: „Das ist zwar der beste Platz für den Kompaß, aber da ist er der Großschot im Weg." Wenn da etwas weg muß, dann ist es die Großschot, nicht der Kompaß. Achte darauf, daß die Fahrstriche voraus und achtern genau parallel zur Schiffslängsachse sind. Sodann vergewissere dich, daß der anliegende Kompaßkurs bei abgestelltem und laufendem Motor derselbe bleibt. (Ein der Lichtmaschine zu naher Kompaß wird von ihr beeinflußt.) Und schließlich prüfe nochmal, ob der Kompaß auch ohne Fernglas vom Steuermann abgelesen werden kann. Ich habe schon Boote gesehen, deren Kompasse bei klarer Sicht von einem normalsichtigen Steuermann noch gerade eben abgelesen werden konnten, nicht aber durch Brillengläser voller Regen- oder Gischttropfen.

Drehen, Kompensieren, Prüfen des Kompaß

Das Drehen des Schiffs (zur Deviationsfeststellung) und das Kompensieren des Kompaß sind zwei ganz verschiedene und auch systematisch getrennte Operationen. Zuerst mal wird das Schiff (nebst Kompaßgehäuse und Fahrstrich!) gedreht, um festzustellen, welcher Größenordnung und Art die Ablenkungen sind. Diese werden dann durch das Kompensieren so gut es geht verkleinert. Dann wird nochmal gedreht, und der noch vorhandene Rest an Deviation in die Deviationstabelle oder Steuertafel eingetragen.

Der Kompaß wird durch Anbringung kleiner Kompensiermagnete in seiner Nähe (oder in ihm selbst) „kompensiert", was richtig ausgedrückt eigentlich bedeutet, daß jene Magnete mit ihrem Feld allen nicht gewünschten magnetischen Störeinflüssen so entgegenwirken, daß sie diese Einflüsse im Idealfall aufheben (kompensieren) oder doch wenigstens auf einen Minimalwert drücken. Dazu gehört ein großes Maß an Fachverstand und Erfahrung, besonders bei Stahlschiffen, über das normalerweise nur Spezialisten verfügen. Ich bin deshalb sehr froh, dafür den italienischen Admiral Bini von der Marine gewonnen zu haben, der auch Mitglied des Navigations-Instituts ist. Er hat auf Wasserfahrzeugen von Yachten bis zu Flugzeugträgern Kompasse kompensiert und Deviationstafeln aufgestellt. Er erklärt im Anhang, was die verschiedenen Eisensorten einem Kompaß antun, wie man ihren Einfluß erkennt und beseitigt.

Nach gewissenhaftem Studium dieses Anhangs werden viele Yachtnavigatoren in der Lage sein, ein Schiff zu drehen, einen Kompaß zu kompensieren (mit Ausnahme des Krängungsfehlers) und eine Deviationstafel aufzustellen. Dennoch werden immer noch viele sich an den Fachmann (in Deutschland des Deutschen Hydrographischen Instituts, DHI) wenden, weil es ihnen an Zeit oder an Selbstvertrauen gebricht. Ungeachtet dessen lohnt es, den Anhang zu lesen, weil man dann versteht, was der Kompensierer macht, und nachher in etwa beurteilen kann, ob er seine Sache auch gut gemacht hat.
Weil der Navigator absolutes Vertrauen in seinen Kompaß haben muß, kommt er nicht umhin, ihn immer aufs neue zu prüfen (auf einem Stahlschiff wird ein Magnetkompaß sogar zweimal täglich geprüft). Kompaßprüfungen sollte man immer und unbedingt und unverzüglich vornehmen, wenn etwas Ungewöhnliches passiert ist — etwa ein Blitzeinschlag ins Boot oder dicht in seine Nähe, Kollision, hartes Festkommen usw.
Auf der Überführungsfahrt einer Yacht nach Argentinien zum Buenos Aires-Rio-Race prüfte der Navigator den Kompaß und stellte fest, daß er an einem bestimmten Punkt hängenblieb. Nachdem man ihn auseinandergenommen hatte, sah man, daß sein Pinnenlager durch hartes Einsetzen in die See gebrochen war und sich die Rose deshalb nicht mehr frei drehen konnte. Das hätte leicht übersehen werden und zu einer ernsten Versegelung führen können.
Einer meiner Freunde navigierte vor einigen Jahren eine der bekanntesten amerikanischen Yachten. Man hatte ihm versichert, der Kompaß sei deviationsfrei, und er glaubte das ohne Nachprüfung, zumal er wußte, daß die Yacht kurz zuvor eine Regatta mitgesegelt hatte. Nach zwei Tagen im Nebel, während denen er sich immer wieder weit ab vom Ziel seiner Kurse fand, ohne dafür eine stichhaltige Erklärung zu finden, konnte er ein Sonnenazimut beobachten und danach den Kompaß eines Fehlers von 15° überführen. Danach kam heraus, daß einer der Crew vor der Regatta mit einem Schraubenzieher an Bord herumgelaufen war und alle nur sichtbaren Schrauben noch einmal gut nachgezogen hatte — auch die der eingebauten Kompensiermagneten am Kompaß, an denen nichts festzuziehen, sondern nur zu verstellen ist.
Die Lehre daraus ist für *jeden* Navigator, sich nie auf das zu verlassen, was andere einem Kompaß nachsagen, sondern sich selber mit seinen Eigenheiten bekannt zu machen. Sollte es sich um einen Typ mit einge-

bauten Kompensiermagneten und zwei Schlitzschrauben zu deren Verstellung handeln, dann klebe einen Klebestreifen oder Isolierband über diese Schrauben, damit sich keiner daran zu schaffen macht.
Eine grobe Prüfung kann man mit Hilfe eines Handpeilkompasses vornehmen, den man nach achtern mitnimmt, wo man sich mittschiffs nicht zu nahe dem Achterstag aufstellt und nun längs der Mittellinie des Schiffs auf den Mast oder, wenn das möglich ist, am besten über die vordere und hintere Fahrstrichmarkierung des Steuerkompasses visiert. Man ruft dann die mit dem Handkompaß beobachteten Grade eine Weile lang aus, während jemand anders das mit den am Steuerkompaß anliegenden Graden vergleicht. Wenn möglich, mache das gleich auf verschiedenen Steuerkursen wie beim Drehen zur Deviationsbestimmung.

Tabelle 1.1

MEZ 09 h 33 min 20 s		Schattenstift	294°
GMT 08 h 33 min 20 s			—180°
		Kompaßazimut	114°
Aus Naut. Almanac:	12. 6. 1974	Sonne GHA für 0800	298° 37′
		Schaltw. für 083320	8° 20′
		GHA	306° 57′
		angenommene Länge	W 2° 57′-*
Dec ~ 22° N		LHA	304° 00′

* *W*eniger für *W*estlänge. Ostlänge nächst deiner Position addieren und zum nächsten vollen Grad auf- oder abrunden zu LHA. Für Deklination aus Almanac nächsten vollen Grad wählen: 22° N. Breite: nächste volle nehmen: 50° N

Aus Tafel AP 3270 oder HO 249:

Schlage Seite für Breite (Lat) 50° auf mit Bezeichnung SAME NAME (weil Lat und Dec beide N sind) und suche in der Spalte Dec 22° in der Zeile LHA 304° den Wert Z für das Azimut. Wenn LHA $>$ 180° ist Zn $=$ Z. Wenn LHA $<$ 180° ist Zn $=$ 360° — Z. (Gilt nur für Nordbreiten) Zn ist das Vollkreisazimut. Z aus der Tafel ist 102° (= Zn); korrigierte es für die Mißweisung 10° W: 102 + 10 = 112° M.

Vergleiche das mw Azimut mit dem Kompaßazimut; die Differenz ist die Deviation — bei dem zur Zeit gesteuerten Kompaßkurs also 2° W.

Genauer ist die Azimutprüfung nach der Sonne, wenn der Kompaß einen Schattenstift hat. Notiere die Zeit (etwa auf die nächsten 10 sek genau) und lies ab, auf welche Gradzahl der Schatten des Stifts zu dieser Zeit gefallen ist. Diese Zahl ist um 180° zu mehren oder zu mindern, womit sich das Kompaßazimut ($\leqq$ 360°) zu dieser Zeit ergibt, das sodann mit dem wahren Azimut der Sonne im gleichen Zeitpunkt verglichen wird, nachdem zuvor für die örtliche Mißweisung berichtigt worden ist.
In der Tafel 1.1 ist ein Arbeitsbeispiel durchgerechnet. Wie dieses Beispiel zeigt, müssen dazu die astronomischen Navigationstafeln AP 3270 der Britischen Admiralität oder die identischen HO 249 des American Oceanographic Office und ein Nautischer Almanac oder das Nautische Jahrbuch des DHI für das fragliche Jahr an Bord sein.
Wenn du die im Beispiel genannten Tafeln nicht hast, so gibt's welche in „Reed's Almanac". Die Sache ist kompliziert, und man braucht dazu einen klaren Kopf und blindes Vertrauen, aber es gibt die nötige Antwort. Diese Art der Prüfung ist besonders wertvoll nach einer Überquerung wirklich großer Seeräume, wenn man vor seinem Landfall gerne beruhigt darüber sein möchte, daß der Kompaß keine unbekannte Fehlweisung hat.

Stahlyachten

In der Vergangenheit hatten Stahlyachten bezüglich des Kompasses einen sehr schlechten Ruf, aber man hat mir versichert (ich habe da keine eigene Erfahrung), daß an Bord moderner, kleiner Stahlyachten des *Tina*-Typs keine Probleme mehr aufgetaucht sind. Das liegt vielleicht an andersartigen Stahlsorten, die heute verwendet werden, oder daran, daß heute oft nur noch der Rumpf aus Stahl ist, wogegen Decks und Aufbauten aus nichtmagnetischem Material sind. (Stahlyachten sind immer noch ein Problem; d. Ü.).
Ich möchte jedenfalls dem Navigator einer Stahlyacht raten, bei der Prüfung ihres Kompasses ganz besonders pingelig zu sein.
Das Kompaßhaus an Bord einer Stahlyacht muß alle Arten der Kompensierung erlauben, kurz die totale Kompensierung, und Deviationskontrollen müssen regelmäßig wiederholt werden; vor allem immer dann, wenn das Schiff am Steg oder auf einer Ozeanpassage längere Zeit auf demselben Kurs gelegen hat, und wenn im Laufe der Reise beträchtliche Unterschiede in der geographischen Breite gemacht worden sind.

Eine Stahlyacht, die es sich räumlich und energieversorgungsmäßig erlauben kann, sollte sich einen Kreiselkompaß leisten und den Magnetkompaß nur als Reserve betrachten. Allerdings haben auch Kreiselkompasse, besonders die kleineren, die auf Yachten Verwendung finden, ihre Mucken, was vor der teuren Installation bedacht werden sollte.

Kompaßfürsorge

Dein Kompaß ist montiert worden, geschwenkt worden, kompensiert worden und für den Rest seines Irrens an mißweisend Nord geprüft und protokolliert worden. Nun mußt du ihn mit Respekt behandeln.
Achte darauf, daß Magneten (oder Messingröhrchen ohne Erklärung), die in seiner näheren oder etwas ferneren Umgebung auf Holz oder Plastik festgeschraubt sind, keinerlei Ortsveränderung widerfährt; auch nicht, wenn die Gegend neu gepönt wird. Es sind Kompensiermagneten.
Magneten, die verrostet sind, sind nicht mehr die alten. Deshalb sollen sie vor dem Einlegen in die Hülsen oder ins Kompaßhaus eingefettet werden. Bedecke den Kompaß, wenn er nicht gebraucht wird. Das ist besonders ratsam in heißer Sonne, damit seine Ausdehnungsmembrane nicht überdehnt wird, und damit das hochreine Petroleum („Kompaßöl"), mit dem amerikanische und britische Kompasse heute meist gefüllt sind, nicht vergilbt.
Prüfe, ob die Nachtbeleuchtung des Kompaß funktioniert und sorge dafür, daß eine Notbeleuchtung vorhanden ist, falls die Batterie des Schiffs ausfällt. Es macht übrigens kein Vergnügen, einen Kompaß anzustarren, der von einem zweiten Mann mit einer flackernden Taschenlampe angeleuchtet wird, die einen Wackelkontakt hat. Vor allem aber kümmere dich immer und bei jeder Gelegenheit darum, was in der Nähe des Kompaß herumliegt — es sollte nichts aus Eisen oder Stahl und nichts mit einem Magneten sein, wie Radios, Kameras, Kassettenrekorder und der Handpeilkompaß.
Es war vor dem Krieg, als eine Yacht auf dem vermeintlichen Wege vom Fastnet zum Bishop Rock Glück hatte, bei dicker Sicht nicht auf das Land gerauscht zu sein, das sie plötzlich vor sich hatte. Sie war *well up* im Bristol Channel, weil irgendwer ein paar Drahtschoten unter ihrem Kompaß gestaut hatte. Heute würden wohl in solchem Wetter ein paar Funkpeilungen den Navigator rechtzeitig warnen, daß da irgendetwas hoffnungslos schiefzugehen beginnt. Aber man soll schon dem Beginn

wehren — nicht nur auf Deck, sondern auch unter Deck soll man keine Eisenmengen in Kompaßnähe unterbringen, die da während der Deviationsprüfung nicht schon waren.

Wenn der Kompaß am vorderen Ende der Plicht montiert ist, in der Nähe des Motors und Niedergangs und Kajütschotts, ist er besonders in Gefahr, durch unbedacht angebrachte Ausrüstungsergänzungen gestört zu werden. Es fällt nicht auf, weil das Schott oder Brückendeck dazwischen ist, aber der Lautsprecher eines Transistorradios im Taschenformat stört den Kompaß auch bis zu einem Meter Distanz — und so dick ist kein Schott.

Sollte der Leser immer noch meinen, solche Sorgfalt um den Kompaß sei übertrieben, mehr oder minder zeige er doch immer den rechten Weg, dann möchte ich hier noch aus einer Regatta-Analyse des Hook Race von 1963 zitieren, die ihm als Warnung gereichen sollte. Zwei Skipper berichteten: „Kompaß fiel hin, Deviationstafel wahrscheinlich nicht korrekt." (Ich möchte meinen, daß dies sehr unwahrscheinlich ist; eher stolperte da einer, der den Kompaß hätte prüfen sollen, über seiner Aufgabe, oder es handelte sich möglicherweise auch um einen Steuermannsfehler, von dem in Kapitel 3 noch die Rede sein wird.)

„Kompaß fehlerhaft wegen Stauens der Rettungsinsel auf Deck." Wahrscheinlich war es die Stahlflasche mit dem CO_2 zum Aufblasen der Insel. Ehe ich den Abschnitt über den Steuerkompaß schließe, möchte ich nochmal eindrücklich sagen, daß der Kompaß in Ordnung sein, und der Navigator ihm voll *vertrauen können* muß, sonst kann er seine ganze Navigation gleich als vergeblich betrachten.

Der Handpeilkompaß

Zusätzlich zum Steuerkompaß wird man wohl einen Handpeilkompaß brauchen, um mit ihm zu peilen. Es gibt verschiedene gute Erzeugnisse auf dem Markt, die mit Batterien oder, neuerdings, mit Fluoreszenzlicht (Beta-Licht) ausgerüstet sind. Vergiß die Reservebatterien nicht (und setze keine leckdichten mit Stahlmantel ein!) und warte nicht mit dem Auswechseln müde gewordener Batterien bis in die finstere Regennacht, in der du schnell ein paar Feuer peilen willst, und stattdessen feststellst, daß die Batterien zu schwach sind, und die neuen auch, weil die Kontakte korrodiert und erst mit Sandpapier blankgemacht werden müssen. Kurz: Bringe deinen Handpeilkompaß vor der bürgerlichen Dämmerung in Be-

triebsbereitschaft. Seit einiger Zeit gibt es Taschenpeilkompasse, die man dicht vor's Auge hält. Sie haben Betalicht, und bei Nichtgebrauch steckt man sie einfach in die Tasche oder trägt sie am Halsband.
Wer den Umgang mit dem Peilkompaß noch nicht kennt, kann nicht erwarten, auf Anhieb excellente Peilungen zu holen. Es ist ein recht einfach zu handhabendes Instrument, aber du mußt schon eine gewisse Übung mit ihm haben, um deinen Peilungen vertrauen zu können. Kannst du ihn mit einer Hand nicht ruhig genug halten, dann versuche es mit beiden Händen, aber sorg, daß dein Hintern irgendwo festsitzt. Peile erstmal im Hafen bekannte Dinge in bekannten Richtungen an, die sich aus der Karte ablesen lassen. Und übe so auch nächtliches Peilen, wobei sich ein betabeleuchteter Kompaß beim Peilen eines starken Leuchtfeuers als zu dunkel erweisen mag, weil das starke Feuer das Auge blendet.
Die Bewegungen des Schiffs lassen die Kompaßrose schwingen, was bei Tage durch Mitteln zwischen den Ausschlägen oder Beobachtung im Moment der Ruhe zu meistern ist, aber bei Nachtpeilungen erwischt man leicht eine „Ausreißer-Ablesung", wenn die Rose nicht ständig erleuchtet ist, und das kann schwere Peilfehler ergeben — bis zu 20°. Unterbrochene Feuer, bei denen das Licht länger dauert als die unterbrechende Dunkelheit, lassen sich leichter peilen als Blitze und Blitzgruppen alter Leuchttürme, bei denen die Blitze der Gruppe einige Sekunden auseinanderliegen, und die Gruppenabstände nur nach Mehrfachen von 10 sek zu messen sind. Besonders im Seegang, wenn die Yacht nur schwer auf Kurs zu halten ist, verliert man in der Dunkelperiode immer wieder die Richtung zu solch einem Feuer. Es ist dann besser, weniger genau die Hand wie zu einem Karateschlag in Richtung auf das Feuer über den Steuerkompaß zu legen, wenn es aufblitzt, und sich diese grobe Kompaßpeilung zu merken.
Es gibt aber Leuchtfeuer, die schlechthin nutzlos für Yachten sind: Das Lowestoft ist so eines, es blitzt einmal alle 15 sek. Ich bezweifle, daß irgendwer in einem kleinen Boot bei etwas Seegang von ihm eine gute Peilung bekommt. Glücklicherweise sind solche Feuer selten und weit auseinander.

Kajüts-, Kapitäns- oder Kronenkompaß

Das war und ist der Kompaß unter Deck, der dem Kapitän oder in unserem Fall Yachtnavigator erzählt, was „die da oben" machen. Vor allem zeigt er an, wenn etwas aufregend Falsches gemacht wird. Diese Kompasse haben oft eine spiegelverkehrte Rose, so daß man sie an die Decke hängen und von unten ablesen kann. Der Kajütkompaß hat schon manches Schiff gerettet, auf dem nur ein Navigationskundiger an Bord war. Er ist eine einfache Installation auf Yachten aus Holz oder Glasharz, aber auf Yachten in Kompositbauweise ist er bereits ein Problem, und bei Ganzstahlyachten funktioniert er wegen Abschirmung nicht. Aluminiumyachten bedürfen einer fachmännischen Prüfung, weil Leichtmetall nicht ganz frei von magnetischen Eigenschaften zu sein braucht.

Die magnetische Mißweisung

Leider zeigt der Kompaß auch dann nicht zum Nordpol, wenn er keine Deviation hat, sondern nach magnetisch Nord. Der Winkel zwischen *rechtweisend* Nord und magnetisch Nord wird in Grad gemessen und heißt in Deutschland Mißweisung, bei Amerikanern und Engländern Variation (weil sich der Winkel im Laufe der Jahre ändert) und auf den meisten anderen Seekarten wird er Declination genannt. Englische und amerikanische Seekarten haben eine innere, voll ausgedruckte und nach magnetisch Nord ausgerichtete Rose, so daß man nach Wunsch mit dem Parallellineal Peilungen und Kurse sowohl rechtweisend als auch magnetisch von den Kartenrosen abnehmen kann (vorausgesetzt, daß die Mißweisung der magnetischen Rose noch stimmt). Bei deutschen und den meisten anderen Seekarten fehlt die nach magnetisch Nord ausgerichtete Rose. Aber in allen Seekarten ist die Mißweisung mit ihrem Bezugsjahr in die Rose eingedruckt und dazu ist die (voraussichtliche) jährliche Änderung der Mißweisung angegeben.

Die Mißweisung ist von Ort zu Ort verschieden und ändert sich langsam mit der Zeit, wie schon gesagt. Die Mißweisung für das Gebiet um Helgoland war beispielsweise 1965 —4,1° (W), und die jährliche Änderung wurde mit + 0,05° (O) angegeben; man konnte sich also für 1967 ausrechnen, daß sie nur noch —4,0° (W) sein würde, und 1973 müßte sie —3,7° (W) sein. Man wird also 1973 noch immer bei Helgoland eine Mißweisung von —4° rechnen, wie schon 1965, weil man Zehntelgrade doch nicht steuern kann.

Bedenke, daß Peilungen in deutschen Karten und Handbüchern unterschiedslos rechtweisend (nach geographisch Nord) angegeben werden; in ausländischen Drucksachen dieser Art gilt das im allgemeinen auch,

bei Ausnahmen wird darauf hingewiesen. Wenn auf einer englischen Karte steht „lights in line 42.5°", dann ist das rechtweisend gemeint; eine mißweisende Angabe würde lauten: 42.5° (M).
Da du immer nur in einem Gebiet segelst, kommt es nicht vor, daß die Mißweisung von West nach Ost und wieder nach West wechselt; sie ist in einem großen, nur nach Tagen oder gar Wochen zu durchsegelnden Revier entweder West oder Ost, und nur die Größe ändert sich allmählich. Das Vorzeichen der Mißweisung merken sich Deutsche daran, daß West und Weniger beide ein W haben. Mithin hat West-Mißweisung minus als Vorzeichen. (Ost kann nur das andere Vorzeichen haben, also plus.).

Kompaß-Deviation

Wenn der Kompaß nach seiner Kompensierung noch einen Rest von Deviation (Ablenkung durch schiffseigenen Magnetismus) hat, was sich bei einer Yacht aus Holz oder Kunststoff vermeiden lassen sollte, dann muß eine Deviationstafel oder ein Deviationsdiagramm aufgestellt werden, woraus sich die Berichtigungen für die verschiedenen Fahrrichtungen des Schiffs ablesen lassen. Das ist tatsächlich lästig, weil es bedeutet, daß jeder Kurs berichtigt werden muß; sowohl der, den der Rudergänger auf Anfrage als „anliegend" (am Kompaß) oder gesteuert ansagt, als auch der Kurs, den der Navigator dem Rudergänger nennen muß, damit das Schiff dahin fährt, wohin es soll. Hierbei kann die Berichtigung mal minus, mal plus sein, je nach der Richtung, in die gesegelt wird.
Für die Berücksichtigung der Deviation gilt auch, daß die westliche weniger bedeutet, der Nordpunkt der Kompaßrose also noch links von magnetisch Nord zeigt. Merke: Die Deviation bezieht sich immer auf magnetisch Nord, so daß eine West-Mißweisung von —4° durch eine Ost-Deviation von +4° aufgehoben wird zu einer (gesamten) Fehlweisung von ± 0°. Sind die beiden Fehler von Mißweisung und Deviation ungleichnamig, dann wird immer der kleinere Wert vom größeren Wert abgezogen, und die Gesamtfehlweisung bekommt das Vorzeichen des größeren Wertes. Beispiel: Mißweisung —10° (W), Deviation + 3° (E) macht eine Fehlweisung von —7° (W)*.

* *Wir empfehlen, abweichend von der Schreibweise des Deutschen Hydrographischen Instituts, Ost nicht mit O abzukürzen in den eigenen navigatorischen Aufzeichnungen, sondern mit E, weil dies nicht mit Null verwechselt werden kann. Außerdem vermindert es Irrtümer beim Arbeiten mit ausländischen Karten — in französischen steht „O" für „ouest", was West heißt. Der Übersetzer.*

Seekarten

In der Rangliste der Bedeutungen folgt die Seekarte dem Kompaß. Seekarten werden von den hydrographischen Autoritäten der jeweiligen Länder hergestellt und gedruckt und nahezu ausnahmslos nur von einer beschränkten Zahl offizieller und offiziöser Verkaufsstellen vertrieben. In England ist der Herausgeber und Hersteller das *Admiralty Hydrographic Department,* in den USA *The Navy's Oceanographic Office,* in Portugal das *Instituto Hidrografico* und in Deutschland das DHI.
Aus diesem internationalen Beispielsauszug kann man entnehmen, daß Seekarten nicht immer und überall zu haben sind, wenn man sie dringend braucht. In einem spanischen Hafen mag der Hafenkapitän gerade jene Karten „ausverkauft haben", die man gerne hätte, weil einem die amtliche Verkaufs- und Berichtigungsstelle des heimatlichen Herausgebers ein paar falsche Karten eingepackt hatte. Man mag auch in Calais feststellen, daß französische Seekarten nur in Dünkirchen und Boulogne auf Lager gehalten werden — sie werden mit dem normalen Verkehrs-Omnibus binnen weniger Stunden aber von dort auch nach Calais gebracht.
Alle Seekartenherausgeber geben auch einen Katalog ihrer Druckerzeugnisse heraus, den man bei jedem Seekartenverteiler einsehen kann, den man aber auch kaufen kann. Studiere diesen Katalog sorgfältig und nimm dir viel Zeit dazu, um auch ganz sicher zu sein, daß alle nötigen Karten bestellt werden — auch solche, die man im Notfall brauchen würde.
Beispielsweise würde man für einen Törn von Cowes auf Wight zu den britischen Kanalinseln folgende britischen Karten benötigen:

2675 English Channel, Eastern Portion (1 : 500000). Das ist eine Karte kleinen Maßstabs zur Planung des Törns, zum allgemeinen Überblick aus großer Höhe und zum Absetzen des Kurses über den Kanal.
(Entsprechende deutsche Karte 67 — 1 : 400000)

2045 Christchurch to Owers (1 : 75000)
Eine Karte mittleren Maßstabs zur Durchsteuerung des Solent mit Ein- und Ausfahrt.
(Entsprechende deutsche Karte gibt es nicht; Ersatz 264 — 1 : 30000 und 262 — 1 : 150000)

2669 Channel Islands und Adjacent Coast of France (1 : 150 000)
Das ist eine Karte mittleren Maßstabs für die tägliche Ausflugssegelei um die Inseln.
(Entsprechende deutsche Karten 277 und 278 — 1 : 150 000)

Englische und amerikanische Karten werden z. Z. auf Meterlotung umgestellt.
Großmaßstäbliche Karten aller Inseln und Häfen, die man besuchen will oder in denen man möglicherweise Schutz suchen müßte: Cherbourg (ein Weststurm könnte einen dorthin zwingen), Alderney, St. Peters Port, St. Helier usw. und natürlich auch eine Karte des eigenen Heimathafens. (Es gibt solche Karten auch vom DHI. Sie sind für Deutsche besonders wichtig, weil in allen Häfen am Kanal große Partien trockenfallen, die nur in Karten großen Maßstabs klar gekennzeichnet sind.)
Geize nicht mit dem Geld für Karten. Man hat nichts von ein paar gesparten Mark, wenn man deshalb später in einem Sturm keinen Schutzhafen anlaufen kann, weil man die nötige Karte nicht hat. Wenn du längs einer Küste segelst, solltest du ihre Hafenpläne vollständig beisammen haben für den Fall, daß . . .
Halte deine Karten auf dem laufenden. Alte Karten können fehlleiten. Es wechseln nicht nur Feuer und Bojen, sondern auch die Fahrwasserrinnen — etwa in der Themsemündung oder Elbe- und Wesermündung — ändern sich langsam aber stetig durch Verlagerung der Sände. Alle Seekarten der Welt tragen ein Ausgabedatum ihrer ersten Veröffentlichung (und das ist manchmal alt wie Methusalem). Irgendwo an einer ihrer Ecken auf dem Rande sind die Daten ihrer Neuauflagen und letzten Berichtigungen aufgeführt. Einige der autorisierten Verkaufsstellen für Seekarten sind gleichzeitig auch Berichtigungsinstitute, die deine Seekarten gegen eine geringe Gebühr auf den neuesten Stand berichtigen und solche Karten verkaufen. Es berichtigen aber nicht alle Verkaufsstellen.
Für den Yachtnavigator ist es nicht immer praktisch, mit den Karten des geplanten Törns zum Berichtiger zu laufen — ein Düsseldorfer (mit Verkaufsstelle am Ort) müßte dazu nach Emden fahren, was ihn vermutlich mehr kostet als der Kauf neuer, berichtigter Karten. Es gibt in Deutschland auch Versandbuchhändler, die unautorisiert Seekarten verkaufen; sie beziehen sie im Re-Import von ausländischen Verteilern des Deutschen Hydrographischen Instituts oder der British Admirality. Bei

ihnen ist Vorsicht geboten, solche Karten könnten nicht auf dem neuesten Stand sein!
Um Karten selber auf dem laufenden zu halten, muß man als Deutscher die „Nachrichten für Seefahrer" (NfS) abonnieren, studieren und gegebenenfalls Änderungen in die Karte übertragen. Yachtskipper tun sowas nicht, was keiner weiteren Erklärung bedarf.
Britische Seefahrer und Yachtskipper haben es da besser, denn die *Admiralty Notice to Mariners* ist in jedem Hafenzollamt zu haben und kostet nichts. Man kann die Drucksache auch abonnieren, und sie kostet dann auch nichts. Das alles sichert aber immer noch nicht die laufende Lektüre durch den Yachtskipper, die nötig ist, um auf dem laufenden zu bleiben und seine Karten immer auf dem neuesten Stand zu halten — was interessiert es uns, wenn in Timbuktu die Wiederkehr einer Blitzgruppe (2) nunmehr 8,5 sek statt bisher 6,0 sek ist?
Vieles, was in den NfS oder ihrem britischen Äquivalent steht, ist für Yachtskipper überflüssig und uninteressant, und nur dann und wann liest man mal:

> Ansteuerung des Solent:
> Nab-Lchtm. Gebaggerte Fahrrine nördlich; Leuchttonen ausgelegt. Ein neuer, durch drei Leucht-Tn markierter Kanal . . .

Das bedeutet, daß da für einige Zeit drei Leuchttonnen lagen, die auf der Karte nicht eingetragen waren, und wenn du da — möglich immerhin — zu jener Zeit mal durchgekommen wärst, dann hättest du bestenfalls eine gewisse Zeit mit nutzlosen Ortungsversuchen an diesen Tonnen verschwendet, schlimmstenfalls hätten dich diese unbekannten Lichter bis zum Entsetzen verwirrt.
So sieh dir (wenigstens in England, wo das so einfach ist, wenn man Englisch versteht) die *Notices* mal an, besonders, möchte ich sagen, für die von der Großschiffahrt viel benutzten Gewässer, weil da Veränderungen besonders früh ge- und vermerkt werden. Man kann in diesen Nachrichten auch Veränderungen vorübergehender Art finden; etwa ein zur Reparatur eingeschlepptes Feuerschiff, das für die Reparaturzeit durch eine Leuchttonne ersetzt worden ist, oder die Nachricht von einer durch Rammstoß auf Drift entlassenen Heultonne, an deren Liegeplatz es nicht mehr heult.
Seekarten enthalten eine bewundernswürdige Menge an Information, aber es gibt nicht gerade viele Skipper, die sie voll ausschöpfen können. In

meiner Anfängerzeit als Navigatorin bin ich lange Zeit gewissenhaft um eingezeichnete Wracks herumgefahren, neben denen P. A. eingetragen war, was ich selbstherrlich als „*partially awash*" interpretiert hatte (dt.: teilweise überspült). Erst als ich in die tieferen Regionen der Nordsee hinauskam, dämmerte es mir, daß viele der auch hier eingetragenen P. A.-Wracks zu tief lagen, um *partially awash* zu sein, und so kam ich dahinter, daß dieses P. A. „Position angenähert" heißt (das Kürzel hat in englischen und deutschen Karten dieselbe Bedeutung). Solche Art von Stumpfsinn ist einfach Verschwendung angebotener Information. Nimm dir eine Seekarte mittleren Maßstabes und dazu die Karte Nr. 1 des Deutschen Hydrographischen Instituts (DHI), „Zeichen und Abkürzungen in den deutschen Seekarten" und setze dich zu einem Studium der Karte nieder. Wenn du meinst, du wüßtest schon alles, dann beantworte dir mal die folgenden Fragen:

Was bedeutet dieses Zeichen?

Welche unterschiedliche Bedeutung haben diese Zeichen?

3 Was sagt dir diese Zahl?

Unr. Gd. steht da, wo du ankern willst. Welchen Anker mußt du nehmen?

Was zeigt das an?

Dieses Zeichen steht mehrmals vor Kap Trafalgar, was bedeutet es?

Nicht alle Zeichen und Abkürzungen in den Karten haben für uns Bedeutung, aber du solltest alle kennen, die dem Yachtskipper etwas bedeuten könnten. Studiere deshalb sorgfältig die Symbole für die unterschiedlichen Tonnenarten, so daß du mit einem Blick auf die Karte weißt, was du zu erwarten hast. Laß dir von einem anderen aus der Karte Fragen stellen, so daß du allmählich dahin kommst, mit Selbstvertrauen allen Nutzen aus der Karteninformation ziehen zu können.

Feuer, Tonnen, Nebelsignale

Die diesbezüglichen Auskünfte der Karte sind nicht vollständig; weitere, genaue Angaben findest du im Leuchtfeuerverzeichnis (Lfv) für das jeweilige Revier. Diese vom DHI herausgegebenen Bücher kosten DM 18,—. In England gibt es noch die Privathandbücher (engl. Sprache) „Reeds' Almanac“ und „Brown's Almanac“, in denen ebenfalls solche Angaben für die englischen und England unmittelbar benachbarten Gewässer und Küsten zu finden sind — im Reed's ist überdies eine gute Einführung in das britische Einheitsbetonnungssystem, so daß man auch dort immer weiß, an welcher Seite eine bestimmte Tonne zu passieren ist. Gewöhnlich regt das einen Yachtskipper mit seinem geringen Tiefgang weniger auf als einen Dampferkapitän, aber es lohnt sich, das Betonnungssystem (jeder Nation) in den Gebieten der Reise oder Regatta zu kennen.
Diese Leuchtfeuerverzeichnisse beschreiben auch die verschiedenen Arten von Nebelsignalen, die Art der Feuerkennung (Funkel-, Blitz-, Blitzgruppe usw), Wrack- und Untiefenmarkierungen, denen man unterwegs begegnen könnte. All das sollte man lesen und studieren als Navigator, *ehe* man zur See geht; man sollte nicht mitten in der Nacht bei Windstärke 7 nach der Bedeutung einer Abkürzung oder eines Symbols in der Seekarte suchen müssen.

Straßen-, Autokarten

Es vergeht viel Zeit, bis Neubauten an Land auch auf einer Seekarte erscheinen. Da es sich bei ihnen nicht um Berichtigungen handelt, die jährlich nachgetragen werden können, können sie nur bei einem Neudruck der Karte berücksichtigt werden und machen unter Umständen sogar eine neue Küstenaufnahme notwendig.
Aus diesem Grunde kann es sehr nützlich sein, eine neue Auto- oder Generalkarte der Gegend mit an Bord zu nehmen, vor deren Küste man schippert. Der Maßstab sei 1 : 200 000 oder so. Viele auf den Seekarten — besonders an Mittelmeerküsten — als „Häuser und Kirche“ verstreut gezeichnete Dorfgebäude haben sich längst zu ganzen Badeortstädten ausgeweitet, die nachts mit ihren Lichtern nur so über See gleißen. Da kann man eklig unsicher werden, wenn man zu wissen meint, wo man ist, und sich den Lichtern einer großen Stadt nähert, die es nach Karte gar nicht geben darf. Hat man einen Fehler gemacht? Stimmt die

Koppelrechnung nicht? Ein Vergleich mit der Autokarte zeigt einem eine lange Häuserreihe längs der Straße, ein Symbol für einen Campingplatz, sonstige Touristikhinweise — alles klar! Autokarten werden mehr und öfter neu gedruckt, weil der Bedarf größer ist und am Auto interessierte Firmen sie teilweise als Werbung finanzieren.
Bei Sète in Südfrankreich steht eine Raffinerie, die bis noch vor kurzem auf Seekarten nicht verzeichnet war. Macht man seinen Landfall vor Sète, dann ist das erste, was man sieht, diese Raffinerie — besonders nachts, weil die Abfackelfeuer höher und heller sind als das Leuchtfeuer von Sète. Auf der Michélin-Karte war sie aber verzeichnet, was dem Navigator seinen Job dort vereinfachte. Straßen- und Landkarten muß man jedoch mit großer Skepsis heranziehen; man darf sie *keinesfalls* zum Absetzen von Kursen oder Peilstandlinien oder zum Abgreifen von Entfernungen benutzen.

Kartenaufbewahrung

Seekarten müssen flach gehalten werden, nicht gerollt. Es gibt nach meiner Meinung nichts, was einen Navigator mehr in Rage bringen kann, als erst einmal eine Karte in einer dicken Papierrolle suchen und finden zu müssen und sie dann aus dieser Rolle herauszuzerren. Es ist besser, sie zu falten. Das meiste des mitgeführten Kartenstells kann man unter Kojenmatratzen wegstauen. Aber die Karten für das derzeit durchfahrene und das anschließende Revier oder Seegebiet müssen bereitliegen. Sehr schön ist es, wenn die Yacht ein freies Schott hat, vor das man sich einen Kasten bauen kann, in den man die Karten aufrecht hineinstellt. An der Oberkante schreibt man die Kartentitel nochmal mit Bleistift hin, so daß man jeder Karte gleich ansieht, welches Gebiet sie darstellt. Der Kojenvorrat wird nur bei Bedarf im Hafen oder bei ruhigem Wetter umgeschlagen — die abgesegelten unter die Matratze, die nächsten Karten heraus.

Kartengeräte

Deine drei Hauptbeschäftigungen in der Seekarte sind das Einzeichnen von Peilungen oder Kursen, das Abgreifen und Antragen von Entfernungen und das Einzeichnen der Koppelrechnungen. Dazu braucht man ein Parallellineal oder etwas ähnliches und einen Zirkel.

Parallellineal und Plotter

Es gibt verschiedene Schulmeinungen darüber, was die beste Methode ist, eine Linie über eine Karte zu transportieren, so daß die transportierte — versegelte, sagt der Seemann — Linie parallel zur Ausgangslinie verläuft. Tradition ist, dies mit einem Parallellineal zu tun. Das kann eine Konstruktion mit Rollen gleichen Durchmessers an beiden Enden sein oder ein in seiner Länge geteiltes Lineal, dessen beide Hälften durch zwei gleichlange Hebel verbunden sind.
Parallellineale mögen auf einem großen Musikdampfer mit einem absolut ebenen Kartentisch vorzüglich sein, aber nach meiner Meinung und Erfahrung sind sie untauglich zum Gebrauch auf kleinen Booten. Wenn die Karte etwas feucht ist an einer Stelle oder einen Faltfalz hat, oder wenn der Kartentisch auch nur eine kleine Unebenheit hat, dann verrutschen diese Lineale nur zu leicht aus der Parallelität. Und wenn man mit dem Ding mal quer über die halbe Karte versegelt hat, wie will man dann noch prüfen, ob's auch parallel gegangen ist? Es gibt aber zwei Methoden, eine Linie unter einem bestimmten Winkel in die Karte einzuzeichnen, ohne sie über die Karte transportieren zu müssen.
Es gibt verschiedene Winkelmesser für den Navigationsgebrauch, die sich in gewisser Beziehung alle ähnlich sind. Ich beschreibe hier den Hurst-Plotter, der von Brooks & Gatehouse hergestellt wird* (Bild 1.1). Auf einer quadratischen Plexischeibe mit einem rechtwinkligen Gitternetz ist eine Scheibe mit 360°-Teilung drehbar und durch Klemmvorrichtung beliebig feststellbar befestigt; man kann sie so auf die Mißweisung einstellen.
Das Gitternetz wird mit dem nächstliegenden Meridian oder Breitenparallel ausgerichtet, und der Arm wird zum Ablesen des Kurses oder Einzeichnen einer Peilung verwendet. Um eine Peilung auf einen Leuchtturm einzuzeichnen, legt man beispielsweise den Mittelpunkt der Rose auf den Leuchtturm (in der Karte selbstverständlich), richtet das Gitter nach den Kartenkoordinaten aus und dreht den Arm in die Peilung. Wenn

---

** In Deutschland gibt es entsprechende und noch klügelnder ausgedachte Geräte in- und ausländischer Hersteller; der Übersetzer, Navigator in allen Fächern, oft auf fremden Yachten, hat schon ein Dutzend dieser sperrigen Dinger über Bord gefeuert. Wer eine Kursverwandlung nicht im Kopfe und ohne Vordruck rechnen kann, sollte an Land bleiben.*

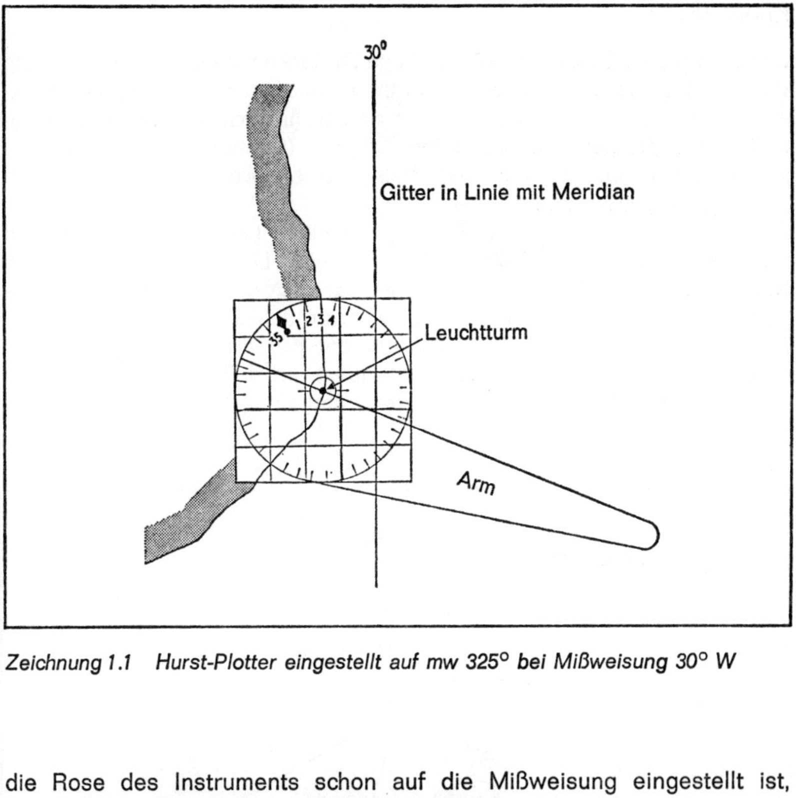

Zeichnung 1.1 Hurst-Plotter eingestellt auf mw 325° bei Mißweisung 30° W

die Rose des Instruments schon auf die Mißweisung eingestellt ist, braucht man sich um diese nicht mehr zu kümmern.

Die Winkelmesser haben den beachtlichen Vorteil, daß man keine Linie parallel über die Karte hinweg dahin zu verschieben braucht, wo sie gebraucht wird. Sie haben aber auch einen beachtlichen Nachteil, nämlich man kann auf dem von der Gitternetzplatte abgedeckten Kartengebiet nichts einzeichnen — und meist ist man beim Peilen dem Leuchtturm so nahe, daß das ein Problem wird. Ich benutze einen solchen Winkelmesser, aber ich habe außerdem auch noch ein paar Kursdreiecke für die Arbeit dichtbei und sehr genau.

Kursdreiecke

Das sind gleichschenklige rechtwinklige Dreiecke mit einer Gradeinteilung die die Mitte der Hypothenuse als Mittelpunkt hat. Sie werden von deutschen und italienischen Navigatoren und wohl noch anderen gebraucht, und es gibt sie nun auch im *United Kingdom* (Großbritanniens). Sie sind wahrscheinlich so gut oder besser als alles andere. Man muß mit ihnen allerdings rechtweisend arbeiten.

Bild 1.2 zeigt, wie man eine Peilung auf einen Leuchtturm abträgt. Die Peilung mit dem Handpeilkompaß war (keine Deviation!) 126 (M), die Mißweisung ist 8° W, also muß das Kursdreieck mit Nullpunkt der Hypothenuse so auf den Meridian gelegt werden, daß dieser 126 — 8 = 118 (rw) der Gradteilung schneidet. Bewege das Kursdreieck nach oben oder unten in dieser Stellung auf dem Meridian, so daß seine Hypothenuse durch den Punkt des Leuchtturms geht, und ziehe die Peilstandlinie.

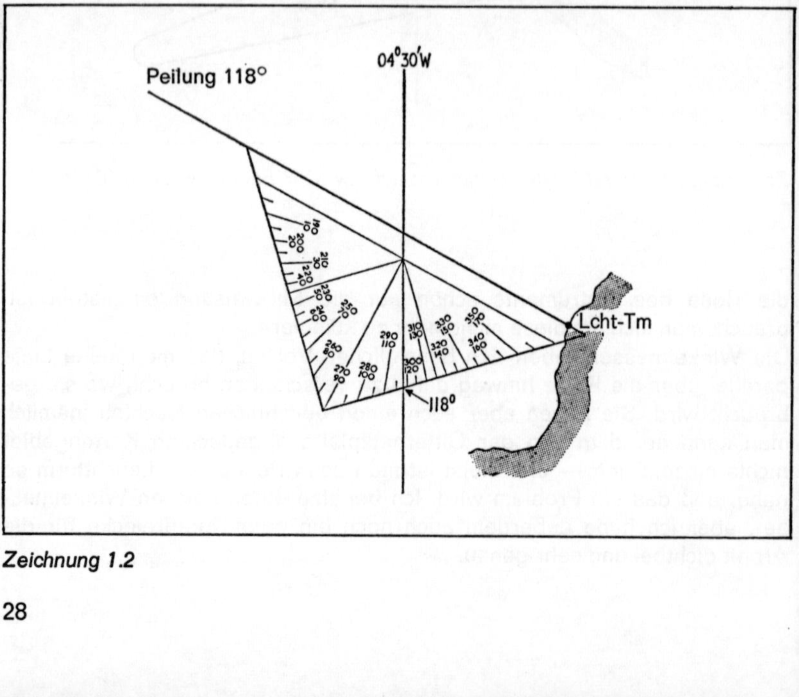

Zeichnung 1.2

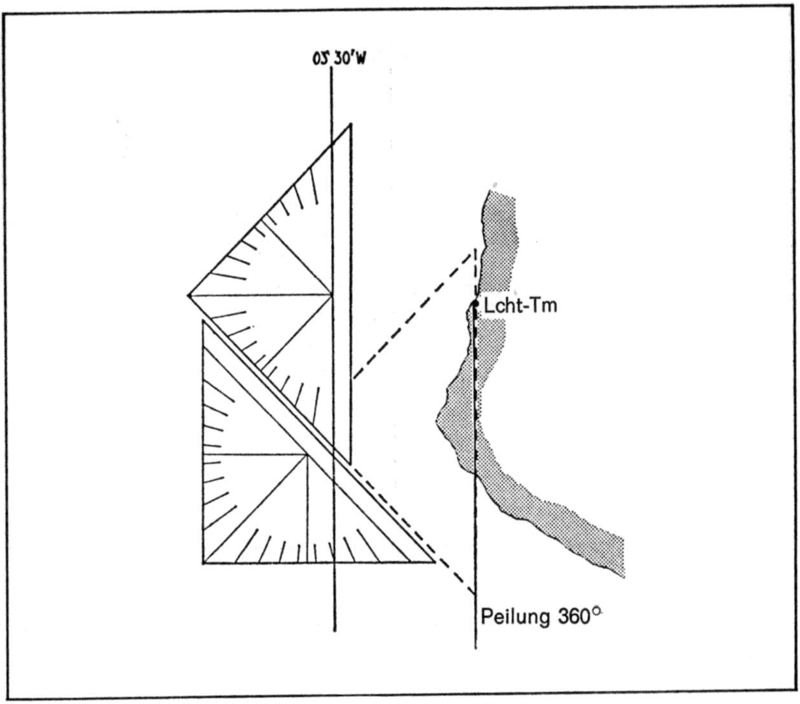

Zeichnung 1.3

In Bild 1.3 peilt der Leuchtturm 008 (M) oder rw 360. Die Hypothenuse (360 . . . 180) wird mit dem Meridian in Deckung gebracht, und das Kursdreieck wird längs der Kante des anderen Kursdreieck (es dient hier nur als Anlegelineal) verschoben, bis die Hypothenuse durch den Leuchtturm geht.

In Bild 1.4 ist der Kurs von A nach B (oder umgekehrt) festzustellen. Die Hypothenuse wird an die Kurslinie gelegt und zwar so, daß ihr Mittelpunkt dabei auf einem Meridian liegt. An der Gradteilung kann man nun den rw Kurs am Meridian ablesen; er ist für A-B 254 und für BA 074. Bei einer Mißweisung 8° W und einer Deviation 2° W, was eine gesamte

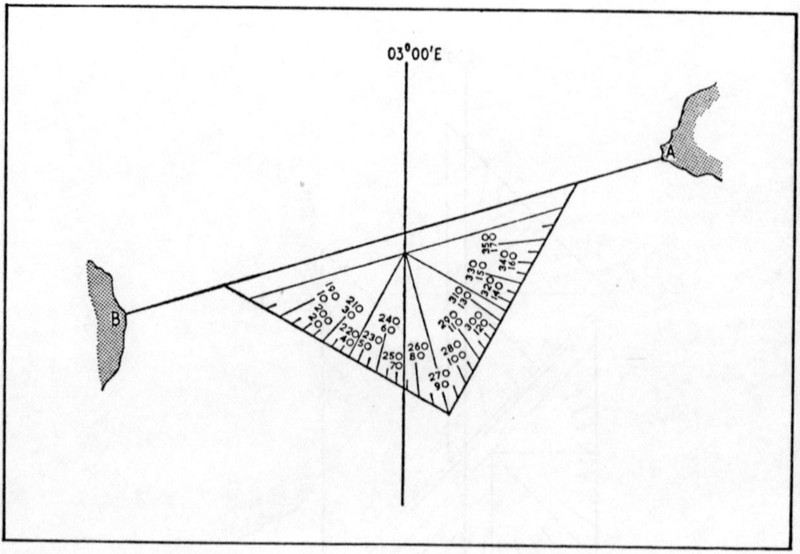

Zeichnung 1.4

Fehlweisung von 10° W ergibt, wäre also dem Steuermann ein Kompaßkurs von 264 (K) für A-B und einer von 084 (K) für B-A anzugeben.

Zirkel

Kauf einen kräftigen, gut in der Hand liegenden Zirkel. Ein Kartenzirkel ist ganz anders als der Steckzirkel eines technischen Zeichners, der zwei feine, eingesetzte Nadeln hat. Die Spitzen des Kartenzirkels sollen heute aus rostfreiem Stahl sein, denn Chrom- und Nickelüberzüge der Stahlspitzen werden bald vom Rost unterwandert und platzen ab. Kartenzirkel auf See fallen oft mal auf die Spitzen, die deshalb fest und aus dem Vollen sein müssen. Der Zirkel muß sich mit einer Hand öffnen und schließen, also einstellen lassen; dabei macht es praktisch keinen Unterschied, ob man es mit einem Scherenzirkel zu tun hat, dessen Schenkel sich vor dem Gelenk zu einem Ring kreuzen, oder einen Zirkel mit geraden Schenkeln, die sich in einer beidseitigen Kerbe schließen, oder um einen Zirkel mit leichten O-Beinen. Man kann sich an jedes Modell schnell gewöhnen und es mit einer Hand bedienen, wenn das Zirkelgelenk nicht zu steif geht; aber besser, es geht am Anfang ein wenig steif, was sich mit der Zeit gibt, als ein gleich beim Kauf angenehm sanftes Gelenk, das bald zu schlackernd wird. Einen zu leicht beweglich gewordenen Zirkel schmeiß über Bord, er hat ausgedient.

Elektronik-Ausrüstung

Funkempfänger

Es werden eine Anzahl guter Empfänger für den Gebrauch an Bord von Yachten angeboten, mit denen man Wetterberichte und Funkfeuer empfangen kann. Mir fehlen aber die technischen Kenntnisse, um etwa eines mehr als das andere empfehlen zu können. Jeder namhafte Yacht- und Schiffsausrüster wird dir aber die Vor- und Nachteile dieses oder jenes Geräts erklären können. Einige zum Peilen geeignete Empfänger haben einen kleinen Kompaß unter der Antenne (deutsch: Peilsonde), wie das Gerät „Heron" von Brooks & Gatehaus; andere haben nur eine Antenne mit einer Gradeinteilung zur Seitenpeilung — „soundsoviel Grad vom Bug aus", was man dann mit der am Kompaß zu erfahrenden Richtung des Bugs in Verbindung bringen muß. Wenn du eine Peilsonde hast, solltest du sie auf verschiedenen Steuerkursen prüfen, ob der Kompaß Deviation hat, wobei du ihn so halten mußt, wie du es später beim Peilen auch tun wirst. Halte den Kompaß nicht zu dicht ans Gesicht und damit an die Kopfhörer, die ihn ablenken würden. (Besser sind ablenkungsfreie Kopfhörer, die es gibt.) Auf kleinen Yachten sollte der Funkempfänger unabhängig vom Bordnetz sein, also eigene Stromversorgung haben.

Funkpeilungen

Es ist nicht Aufgabe dieses Buches, die Erklärungen der verschiedenen Veröffentlichungen über die Funkdienste hier abzuschreiben. Lies sorgfältig, was z. B. die amtlichen Verzeichnisse des DHI über die Frequenzen und die Sendefolgen der Funkfeuer des von dir befahrenen Reviers zu sagen haben. Der „Jachtfunkdienst" befaßt sich nur mit den Funkdiensten (Ortung, Wetter, Funksprechverkehr) vom Hoek van Holland bis zur Dan-

ziger Bucht und bis 60° 30′ N. Der „Nautische Funkdienst" mit seinen drei Bänden (Loseblattordner) umfaßt die ganze Welt. Wer eine Reise von der Nordsee zum Mittelmeer oder umgekehrt plant, findet alle nötigen Angaben über Funkfeuer in „Reed's Almanac" des laufenden Jahres.
Besonders, wenn die Yacht aus Stahl ist, aber auch bei Segelyachten aus Holz oder Glasharz muß eine Funkbeschickungstafel aufgestellt werden, das heißt, es muß auf allen Kursrichtungen mit Schritten von zehn zu zehn Grad nach einem bekannten und optisch peilbaren Funkfeuer geprüft werden, welche Fehlpeilung das Funkgerät ergibt; diese wird in die Beschickungstabelle eingetragen. *Die Berichtigung einer Funkpeilung richtet sich aber nicht nach dem anliegenden Kompaßkurs, sondern nach der Seitenpeilung, das heißt nach dem Winkel, mit dem der Funkstrahl bezogen auf Vorausrichtung an Deck kommt.*
Den störenden Einfluß des stehenden Gutes und der Drahtschleifen der Segellieken kann man durch Auftrennen der Schleifen mittels eines Isoliergliedes mindern bis ganz beseitigen; es kommt darauf an, eine elektrische Kreisverbindung, wie etwa Want-Aluminiummast-Stahldeck, an einer Stelle mit Isolator zu trennen. Dasselbe gilt für die möglichen Schleifen von Reling, Vor- und Achterstag usw*.
Die Funkpeilsonden oder Handfunkpeilkompasse, wie sie auch genannt werden, müssen von einer Eisenmasse von einer Tonne (Eisenkiel oder Motor) mindestens 1,55 m weit entfernt sein, von einer Masse von 4 t wenigstens 3,10 m, damit der Kompaß vor Ablenkung sicher ist. Bei einer Holz- oder Glasharzyacht mit Eisenkiel oder einem Motorsegler mit schwerer Maschine benutzt man deshalb besser unter Deck eins der Geräte mit aufgesetzter Drehscheibe (Ferritantenne) oder einen Peilrahmen auf Deck und benützt den Steuerkompaß zur Verwandlung der Funkseitenpeilung. Auf Metallschiffen sind Peilantennen unter Deck, ob mit oder ohne Kompaß, nicht zu verwenden, denn der Metallrumpf schirmt die Funkwellen ab.

Consolfunkfeuer

Dies sind weitreichende Funkfeuer, die mit Frequenzen im langwelligen Rundfunkbereich senden und also mit jedem Rundfunkempfänger empfan-

* *Mehr darüber steht in dem Buch „Funknavigation auf kleinen Schiffen" von A. Stahnke, Verlag Klasing & Co, Bielefeld.*

gen werden können, der keinen oder einen abstellbaren Schwundausgleich hat und über einen Schwingungsüberlagerer verfügt (als bfo bezeichnet von *beat frequency oscillator),* der die tonlose Tastsendung des Consolsignals hörbar macht. Zur Auswertung benutzt man entweder Consolkarten des DHI oder die Peilungsliste im „Funkdienst", die zu jedem CFF beigegeben ist. Consol überdeckt die Nordsee, den Ostatlantik bis Gibraltar.

Wetterberichte

Die Seewetterberichte kann man nur begreifen, wenn man weiß, welche Gebietsnummer für welches Gebiet gilt. Dabei haben die ausländischen Stationen die Gebiete fast immer anders numeriert als die deutschen Stationen. Man muß also selbst bei ausreichender Fremdsprachenkenntnis auch die Gebietskarten dabei haben, sonst nützen einem die Durchsagen nichts. In den Funkdiensten sind die Sendezeiten der Wetterberichte angegeben, doch muß man sich ansehen, wie die Uhrzeit zu verstehen ist, ob *Mittlere Greenwich-Zeit* (GMT, MGZ) oder gesetzliche Ortszeiten, wie Mittlere Europazeit (MEZ) usw.

Echolote

Echolote sind außerordentlich nützlich an Bord und stellen einen wichtigen Sicherheitsfaktor bei Nebel oder schlechter Sicht dar. Man kann die Echolote nach dem Einbau entweder auf die Tiefe unterm Kiel eichen — dann berührt das Boot bei Nullanzeige Grund — oder, was ich für praktischer halte, auf Tiefe des Wassers von seiner Oberfläche bis zum Grund, weil dies besser mit den Lotungen in der Karte vergleichbar ist. Ein Schiff, das 1,80 m Tiefgang hat, käme bei letzterer Eichung fest, wenn das Lot 1,80 m anzeigt.
Auf unserem Boot hat das Echolot eine rote Markierung bei 7 ft (2,14 m), so daß jeder sehen kann, wann wir dem Grunde zu nahe kommen. Das Echolot wird im Hafen durch Vergleichen mit einem genau markierten Handlot (Blei und Lotleine) justiert.

Log

Soviel ich weiß, werden in Europa keine anderen Schlepplogs allgemein gebraucht auf kleinen Schiffen als die von *Walker*. Man lese die Ge-

brauchsanweisung für die richtige Leinenlänge und nehme zwei Propeller mit. Die „Artica II" verlor während einer Regatta von Brest nach Tenerife zwei Logpropeller; angeblich beide von Haien gefressen. Logs sind ziemlich robuste Instrumente, die nur ab und an mal einen Tropfen Öl brauchen.
Vorzügliche, aber auch teure Instrumente-Kombinationen von Fahrt- und Meilenmesser gibt es heute für Rennyachten, denen ein Patent(schlepp)-log zuviel Widerstand bedeutet. Aber die kleinen Geberpropeller oder Widerstandsmeßstäbe als Geber dieser elektronischen Instrumente werden durch Algen gerne unklar. Man sollte auf alle Fälle immer ein Schlepplog dabei haben, das allerdings bei mehr als 12 kn unwirksam wird; dann springt das Log übers Wasser.

Handlot

Alle Yachten müssen auch ein Handlot fahren. 20 m Leine genügen für alle Yachten, außer vielleicht den größten.

Barometer

Du solltest wenigstens ein Barometer haben, aber ein Barograph wäre noch besser, wenn er auch eine Menge Platz wegnimmt, mehr Geld kostet und außerdem einen Dämpfer haben muß, damit er nicht die Seegangserschütterungen mitzeichnet. Diese Luftdruckmesser sind oft die einzig verfügbaren Sturmwarner.

Stoppuhr

Es sollte eine Stoppuhr an Bord sein, hauptsächlich zur richtigen Identifizierung der nach ihrem Zeitablauf genau festgelegten und im Lfv beschriebenen Feuerkennungen.

Sextant und Chronometer

Diese braucht man nur zur astronomischen Navigation. Zum Messen von Horizontalwinkeln kann ein besserer Plastiksextant recht brauchbar sein. Als Chronometer genügen heute selbst für Yachtreisen von 1 . . . 2 Monaten Dauer die elektronischen Armbandchronometer; am besten quarzgesteuerte.

Bücher

Almanac

In England erscheinen als Privatdrucke zwei Almanache jedes Jahr neu: *Reed's Almanac* und *Brown's Almanac.* Beide sind auch in Deutschland meist bei den Seekartenverteilern in der Zeit von Jahresende bis Jahresanfang in beschränkter Zahl zu haben — im April sind sie gewöhnlich ausverkauft. Beide Werke enthalten die Ephemeriden (Gestirnsdaten zur astronomischen Navigation), Gezeitenangaben, Leuchtfeuer und Funkfeuer Großbritanniens und Nordeuropas und sehr viel weitere Navigationsinformationen. Man braucht den einen oder anderen unumgänglich, aber die beiden Almanache erfüllen nicht exakt den gleichen Zweck. Etwas ähnliches in deutscher Sprache gibt es nicht.
Reed's ist für den Yachtskipper und Fischer in nördlichen Gewässern geschrieben. Das Buch nimmt an, daß eine gewisse Zahl Leser Neulinge sind, und enthält deshalb auch erklärende Texte über Tiden, Funkfeuer, Consol, Leuchtfeuerkennungen, Betonnungssysteme, juristische Erläuterung des Bergungsrechts usw. Für die Yachtleute in diesen Gewässern ist der Almanach herrlich, zumal er auch die Anschaffung des Lfv und der Gezeitentafel erübrigt.
Brown's ist der Almanach der Berufsfahrer. Er gibt Gezeiteninformationen für die ganze Welt, die normalen Trackdistanzen zwischen den Welthäfen und eine Menge seerechtlicher Hinweise und Gedächtnisstützen. Es ist wohl nichts für die Schipperei rund um England und in Nord- und Ostsee, aber für einen Weltsegler ist dieser Almanach besser. Beide Almanachs nützen allerdings nur dem, der entsprechende Kenntnisse im nautischen Englisch hat.

Admiralty Tidal Stream Atlases

Dies sind kleine Strömungsatlanten, etwa in der Größe eines normalen Briefbogens, für den englischen Kanal von Dover bis Brest,* die Ansteuerung des Kanals von der südwestlichen Nordsee aus, für den Solent und die Kanalinseln und noch eine Anzahl Reviere, mit Tidenströmungen, die für Yachtnavigatoren sehr praktisch sind — praktischer als die viel zu großen des DHI. Sie zeigen für jede Stunde von 6 h vor bis 6 h nach

* *Die Ausgabe "English Channel" erscheint nicht mehr.*

Dover Hochwasser mit einer Schar von Pfeilen die Richtung des Stroms und seine Geschwindigkeit in Zehntelknoten für Nipp- und Springtide für jede Ecke des dargestellten Reviers. Auf der ersten Seite dieser Atlanten ist eine Tafel, aus der man sich für jeden Tag die Stärke des Stroms heraussuchen kann; das ist einfach. Man braucht dazu ein durchsichtiges Lineal (oder das Kursdreieck), und die Stromgeschwindigkeiten für Nipp- und Springtide, wie sie beim Pfeil für den Ort der Untersuchung stehen, und noch den Tidenhub von Dover für den betreffenden Tag, den man in der Gezeitentafel findet (in *Reed's* ist diese Tafel lose als Lesezeichenkarton eingelegt). Ein Rechenbeispiel zur Erläuterung steht im Atlas. Es ist wichtig, sich an jener Berechnungstafel zu orientieren und nicht zu schätzen. Reed's enthält kleine Stromkarten.

Logbuch

Das ist für Zwecke der Navigation unerläßlich und wird ausführlich auf Seite 66f behandelt.

Leuchtfeuerverzeichnisse

Diese werden vom DHI in 15, die ganze Welt umfassenden Bänden herausgegeben; die Britische Admiralität umfaßt die Leuchtfeuer der Welt mit zwölf Bänden „List of Lights". Im britischen Gebiet soll der Deutsche sich ans Lfv des DHI halten, denn das hat die Gebiete weniger umständlich eingeteilt; desgleichen die Lfv für eine Fahrt via Biscaya, Gibraltar ins Mittelmeer.
Man kann größere Küsten- und Seefahrten nicht ohne die entsprechenden Leuchtfeuerverzeichnisse fahren.

Nautische Funkdienste

Jede seefahrende Nation gibt Informationsbücher heraus, die sich mit dem nautischen Funkwesen befassen; sie gleichen sich im Prinzip. Der „Nautische Funkdienst" (NF) des DHI umfaßt vier Loseblattbände, die jeder ohne Mehrwertsteuer DM 20,— kosten: I. Funkverkehr (Telegraphie und Telephonie), II. Funkortung, III. Wetterfunk — das sind die weltumspannenden Werke. Nicht zu dieser Serie, aber auch ernstzunehmen ist der Band „Sprechfunk für Küstenschiffahrt". Zu ersteren drei erscheinen halbmonatlich Nachträge (DM —,70), zu letzterem monatlich.

Die entsprechenden Werke der Britischen Admiralität umfassen gar fünf Bände und einen zusätzlichen für Radiotelefonie.
Im heimatlichen Revier genügt der „Jachtfunkdienst" des DHI, für den einen Überführungstörn pro Jahr von oder zum Mittelmeer genügt der entsprechende Jahrgang von *Reed's*, und nur für die wirklich große Yachtfahrt braucht man DHI's „Nautischen Funkdienst Bd. II und III".
Für ein Radiotelefon an Bord braucht man freilich auch den oder jenen Sprechfunkband und wenigstens das kleine Signalbuch, besser aber das offizielle „Internationale Signalbuch", das DM 75,— kostet. Vor allem aber braucht der deutsche Funksprecher ein in der Prüfung erworbenes Funksprechzeugnis und weiß deshalb zwangsläufig, was er braucht.

Seehandbücher (engl. Pilots)

Das *Admiralty Hydrographic Department* veröffentlicht „Pilots" für die ganze Welt in einer sehr großen Zahl von Bänden. Das große Werk ist in vielen Jahren, man kann sogar von Jahrhunderten sprechen, zusammengetragen worden und birgt einen unendlichen Schatz an Kenntnissen, Belangen und Informationen für den Navigator. Jeder Band beginnt mit einem Artikel über allgemeine navigatorische Hinweise (nautische Veröffentlichungen, Gebrauch örtlicher Karten und Allgemeines). Das spricht keineswegs, wie man vielleicht denken könnte, nur die Führer großer Schiffe an, sondern es handelt sich um eine äußerst bündige Darstellung der navigatorischen Probleme und ihrer Gefahren für selbst die professionellen Navigatoren. Dann folgt ein ebenso klares Kapitel über die wetterkundlichen Eigenarten des beschriebenen Gebiets mit speziellen Hinweisen auf die Häufigkeit von Starkwinden und Stürmen und ihrer Richtungen, von Nebel, Seegang, Wassertemperaturen und sonstigen klimatischen Bedingungen für alle vier Jahreszeiten, wenn nötig auch noch genauer. Der Hauptteil des „Pilot" besteht aus einer detaillierten Beschreibung der Küsten, ihrer Ankerreeden und Häfen. Wenn du in Gebiete segelst, die du nicht gut und gründlich kennst, mußt du das entsprechende Seehandbuch dabei haben und studieren.

Als Navigator auf anderer Leute Yacht

Wenn man dich fragt, ob du auf einer Yacht, die du noch nicht kennst, die Navigation machen möchtest, dann mußt du dir überlegen, was du da als für deinen Job vorhanden erwarten darfst und was du selber mitbringen mußt. Mit voller Berechtigung darfst du erwarten, daß folgende zehn Dinge an Bord sind; die ersten sechs davon sind *essentials:*

1. Kompaß und Deviationstafel neueren Datums. Prüfe dennoch den Kompaß gleich zu Anfang auf sovielen Kursen, wie nur möglich. Solltest du dabei größere Ablenkungen entdecken, dann kannst du meiner Meinung nach dich weigern auszulaufen, ehe nicht eine neue Deviationstabelle aufgestellt worden ist.
2. Handpeilkompaß — prüfe die Beleuchtung und sieh nach, ob Ersatzbatterien vorhanden sind.
3. Log — Fülle Öl nach, falls dir der Pflegezustand dubios erscheint, und prüfe die Länge der Logleine. Große Yachten brauchen Logleinen von 18 m Länge und einen extra Bleibeschwerer.
4. Ein Handlot.
5. Alle nötigen Seehandbücher und Leuchtfeuerverzeichnisse, eventuell Gezeitentafel und -atlanten. (Falls das in der Vorausverklarung nicht sicher ist oder zweifelhaft scheint, schlage vor, daß du dies für Rechnung der Yacht besorgst, zusammenstellst und mitbringst.)
6. Alle nötigen Karten, berichtigt bis zum Anfang der Segelsaison. (Siehe dazu auch die Bemerkung zu Punkt 5).
7. Echolot — nicht unbedingt nötig. Falls vorhanden, schau nach seiner Einstellung und Funktion. Prüfe die Lotung.
8. Funkempfänger — auch nicht unbedingt nötig. (Mit Wetterfunk allein kommt man nicht durch den Nebel und schlechte Sicht, aber richtungsempfindliche Empfänger sind immer noch selten auf Yachten. Der Aushilfsnavigator tut gut, seinen eigenen, tragbaren mitzubringen.
9. Barometer — es geht auch ohne, aber dann halte dein hoffentlich geübtes Wetterauge ganz offen.
10. Logbuch — ist nicht unbedingt nötig, aber sorg wenigstens dafür, das genug Papier zum Schreiben und Rechnen an Bord ist. (Der Übersetzer, gelernter Fremdbootnavigator, nimmt immer sein eigenes Logbuch mit und macht nur darin alle Primäreintragungen; der Eigner bekommt, falls er ein Logbuch hat und es wünscht, dann eine saubere Sekundärschrift — mit simuliertem Seegang, wenn's sein muß.)

Die folgenden vier Dinge solltest du selber mitbringen:

1. Alle nötigen Atlanten der Gezeitenströmungen.
2. Das Winkelmeß- und Kurszeicheninstrument, an das du gewöhnt bist. An Bord magst du an ein festgefrorenes Parallellineal oder in der Sonne bis zur Unleserlichkeit ausgebleichte Kursdreiecke geraten, die dich dem Wahnsinn nahebringen — und da sollte dir auch gleich dein eigener Zirkel einfallen.
3. Bleistifte, Radierer, Taschenlampe — bring dein Zeug mit! Was die Lampe angeht, die Batterie des Schiffs mag nicht so gut sein wie der Eigner sagt.
4. Fernglas — nimm dein eigenes.

Planung und Vorbereitung

Eine sehr große Zahl navigatorischer Fehler und Ungenauigkeiten beruht auf den an Bord kleiner Schiffe herrschenden Umständen. Schlechte Beleuchtung bei Nacht, Seekrankheit, schlechtes Wetter, Durcheinander und, mehr als alles andere, Übermüdung verführen zur Sorglosigkeit, zu jenem Augenblick der Unaufmerksamkeit, in dem du eine Drei für eine Zwei schreibst und zwei und zwei zu fünf addierst. Auf die Frage, was man tun kann, um solche Fehler möglichst zu vermeiden, gibt es die Antwort, möglichst viel der Navigationsarbeit zu erledigen, bevor du an Bord gehst; wenigstens bevor die Segel gesetzt werden. Du wirst dich wundern, wieviel man tun kann, um sich die Arbeit unterwegs zu vereinfachen, wenn man den Törn sorgfältig vorbereitet.

Betrachten wir uns mal die mögliche Planung einer Reise von etwa 200 sm, sei es über den englischen Kanal, längs einer Küste, eines kürzeren Rennens, eigentlich jedes Törns, der nicht über einen Ozean führt. Die Vorbereitungen sind dieselben, die ich für eine Regatta treffe. Der hauptsächliche Unterschied zwischen der Renn-Navigation und der Reise-Navigation ist, daß man sich zu ersterer mehr Mühe gibt, genauer arbeitet. Nach meiner Meinung sollte der Anfänger auf einem Törn aber auch so genau wie nur möglich navigieren und erst allmählich all das weglassen, was er selbst als überflüssig beim Fahrtensegeln erkennt. Einige meiner Freunde schipperten mal eine große Yacht von Cowes nach Le Havre und wieder zurück nur nach dem Tidenatlas, weil sie die Seekarten daheim vergessen hatten. Das halte ich für ein zu großes Risiko, selbst wenn man jahrzehntelange Befahrenheit hat.

Ich nehme in diesem Kapitel an, daß wir von Cowes (Insel Wight) direkt nach St. Malo (Frankreich) segeln wollen. Wir haben die nötigen Karten zusammen, und sie sind auf den neuesten Stand berichtigt. Wir haben einen Abend frei, um den Trip soweit wie möglich vorzubereiten. Abreise Sonnabend, 6. Juli 19. . .

Welche Route?

Welches ist der kürzeste Weg? Mit dem Zirkel messen wir grob auf der Karte kleinen Maßstabs die Entfernungen:

via Needles-Casquets	158 sm
via Needles-Alderney Race	144 sm
via Bembridge-Casquets	170 sm
via Bembridge-Alderney Race	159 sm

Angesichts dieser Liste ist zweierlei zu entscheiden. Erstens, ob wir durch den Needles-Kanal an der Westhuk von Wight gehen oder an der Ostseite der Insel hinaus, und das hängt von zwei Überlegungen ab, von der Tide und von der Abfahrtzeit. Dover Hochwasser ist um 0700 GMT und um 1925 GMT. Bei den Needles kentert die Tide 45 min vor Dover HW. Wenn wir also um 0600 oder wenig später ablegen können, dann gehen wir bei den Needles hinaus. Kommen wir aber nicht vor dem Nachmittag weg, wenn die ostsetzende Tide beginnt, dann mag es sich besser lohnen, im Ost um die Insel herumzugehen, umso mehr, wenn westliche Winde wehen. Es ist kein Spaß, gegen die Tide den Needles-Kanal aufkreuzen zu müssen.

Die zweite Überlegung, die wir uns bis zum letzten Augenblick aufbewahren müssen, wäre, ob wir bei starkem westlichen Wind trotz günstiger Tide zu den Needles hinaus nicht doch östlich um die Insel Wight herumgehen, um die steile See des gegen den Strom blasenden Windes zu umgehen und eine Zeitlang den Leeschutz der Insel zu genießen — in der Hoffnung, daß in dieser Zeit der Wind rechtsdreht und etwas nachläßt, um uns dann angenehm über den Kanal zu blasen. Klar, das ist mehr Seemannschaft als Navigation; aber beides ist doch auch nahe verwandt.

Unsere zweite Entscheidung ist, ob wir um alles außen herumschippern, um die Casquets, oder ob wir den kurzen Weg zwischen Alderney und Frankreich nehmen. In der Karte ist diese Durchfahrt als *Alderney Race* bezeichnet, und Race heißt starke Strömung. Das sollte dich gleich auf die Hinterbeine setzen, zur Karte größeren Maßstabs greifen lassen (GB 2669 oder D 1031). Die deutsche Karte stellt jene Gegend freilich zu harmlos dar. In der britischen Karte stehen Bemerkungen wie *heavy overfalls* und *occasionally breaks,* das heißt Stromkabbelung, gelegentlich Brecher. In einem auf der Spitze stehenden Rhombus steht ein D. (Solche

Buchstaben in solchen Rhomben beziehen sich in britischen Karten auf nähere Erläuterungen unten am Kartenrand; d. Ü.) In der Erläuterung erfahren wir, daß der Strom bei mittlerer Springtide bis zu 5,6 kn erreicht. Das sollte uns genügen,

1. da nichts gegen die Tide zu versuchen,
2. bei schlechtem Wetter diese Durchfahrt zu vermeiden, weil es da wirklich eklig rauhes Wasser gibt.
3. bei gutem Wetter und in unserem Sinne setzenden Strom diese herrliche Nachhilfe zu nutzen.

Wann die Tide in unserem Sinne zwischen Alderney und der Normandie hindurchsetzt, das erfahren wir auch in der Anmerkung bei Rhombus-D: Die Tide beginnt, in unserem Sinne zu setzen, wenn es 4 h nach HW in St. Helier ist, und sie setzt dann SSW von 5 h nach HW bis 2 h vor HW St. Helier. Wann in St. Helier Hochwasser ist, erfahren wir aus den Gezeitentafeln I (DHI 2115) oder *Reed's*. An unserem Sonnabend war es um 1442; am Sonntag um 0312 und 1551; am Montag 0420 GMT. Notiere dir die günstigsten Ankunftszeiten vor Alderney Race mit leichter Hand und dünnem Strich auf der Karte: Sonnabd 2000, Sonntg 0800, 2100, Mon 0930. Dann brauchst du das nicht nochmal alles aufschlagen, wenn es soweit ist. Wenn die Uhren an Bord alle nach MEZ = BST *(british summer time)* gehen, dann schreib auch GMT dazu, damit du nicht eine Stunde zu spät am Schiebestrom erscheinst.
Wenn das Wetter schlecht ist, dann gehen wir außen um die Casquets herum. Beim Studium dieses Kurses in der Karte wird dir folgendes auffallen:

1. Du kannst nicht geradeaus von den Casquets nach Les Hanois segeln, denn NE der letzteren liegen ein paar garstige, unmarkierte Felsen im Weg, und deshalb mußt du dir ein paar Sicherheitspeilungen ausarbeiten. (Zu diesem Zweck habe ich mir hier die Casquets ausgesucht, obwohl diese bei klarer Sicht nur auf 17 sm Distanz sichtbaren Inseln vor Guernsey nur selten mal sichtbar sein dürften — es geht mir um die Darstellung der Methode). Ziehe eine Gerade von den Casquets aus, die gut frei von den Felsen verläuft, und ziehe zwei Querpeillinien von Platte Fogère und Les Hanois. Schreibe an diese Peilstrahlen die *mißweisende* Peilung an, und zwar *auf* die jeweiligen Leuchtfeuer *zu*,

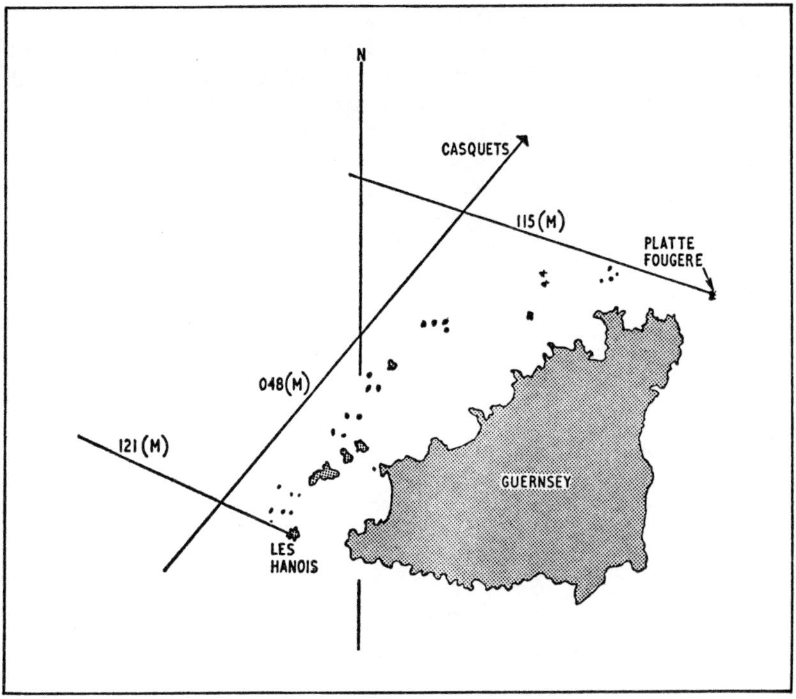

Zeichnung 2.1

nicht von denen aus, was ein ebenso beliebter wie schon oft verhängnisvoll geendeter Anfängerfehler ist. Worum es bei dieser Sicherheitspeilung geht, zeigt Bild 2.1.

Von der Zeit ab, in der Platte Fougère 115 M peilt, bis zu dem Zeitpunkt, in dem die Peilung von Les Hanois 121 M überschritten hat, dürfen die Casquets nicht weniger als 048 M peilen. Diese Sicherungspeilungen kann man schon fünf Wochen vor Beginn des Törns in die Karte einzeichnen, wenn der Tisch noch nicht wackelt.

Wenn du die Casquets nicht sehen kannst, dann mußt du dich frei von einem imaginären Punkt halten, an dem Platte Fougère 094 M und Les Hanois 202 M peilt, mußt vorsichtig sein, keine Ecken zu kratzen, und, wenn nötig, weitere Sicherungspeilungen vornehmen (Bild 2.2).

2. Man darf sich dem Casquets Leuchtturm nicht mehr als eine halbe Meile von West her nähern, weil dort ein Riff liegt.
3. Heftige Stromwirbel *(violent eddies)* verzeichnen alle Seekarten im engeren Bereich der Casquets. Grund genug, gut von ihnen freizuhalten, wenn das Wetter schlecht ist.

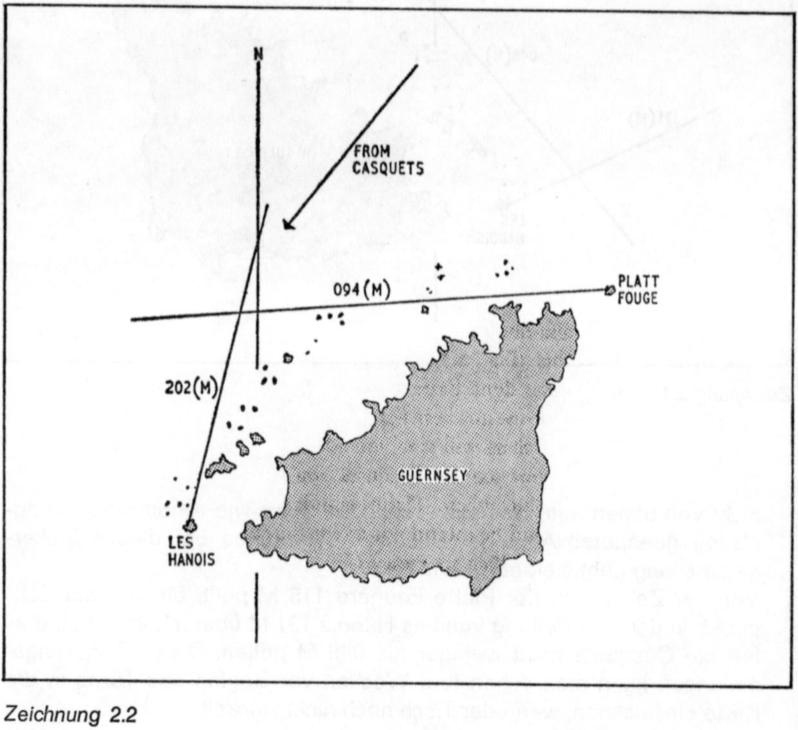

Zeichnung 2.2

4. Du mußt die Tonnen NW und SW Miniquiers an Backbord lassen und an der Kreuz darfst du keinesfalls die Gerade zwischen beiden nach Ost hin übersegeln.
5. Die Einfahrt nach St. Malo ist äußerst verzwickt, und du mußt das genau im großen Maßstab studieren. (Im Vergleich dazu kannst du Cherbourg notfalls mit der Karte D 1031 einsteuern. Die entsprechende englische Karte hat die Nummer 2669.)
6. Am rechten Rand der englischen Ansteuerungskarte für St. Malo befinden sich Hinweise auf Gezeiten und das Kartennull unter dem Titel *„Tidal Information and Chart Datum"*. (Arbeitet man mit deutschen Karten, muß man sich erste Informationen aus den Gezeitentafeln entnehmen.) Für das mittlere Springhochwasser (engl. *H. W. mean springs)* sind 12,1 m (39,7 ft) angegeben, und für Niedrigwasser (NW, engl. L. W.) 1,31 m (4,3 ft), was bedeutet, daß man während der Springzeit einen Tidenhub von etwa 11 m hat. Wenn du bei NW auf 4 m Wassertiefe ankerst, dann wirst du bei HW 15 m Wasser unter dir haben. Mach dir auch darüber eine Notiz, damit du dem Skipper am Ziel sagen kannst, wieviel Ankertrosse oder -kette er zu stecken hat. Prüfe immer die Größe des Tidenhubs in deinem Ankunftshafen.
   Das sind nur Beispiele dafür, wie ein sorgfältig im voraus vorgenommenes Kartenstudium dich vor Gefahren warnen, auf zu Erwartendes hinweisen und dir nahezu alle gewünschten Auskünfte geben kann.

Für den Rest dieses Kapitels habe ich angenommen, daß du dich entschlossen hast, nicht durch den Alderney Race zu gehen.
Zeichne nun die Kurse ein und greife die Distanzen ab. Mach dir eine Tabelle darüber (Tabelle 2.1) und pinne sie über dem Kartentisch an.

Tabelle 2.1

	mw Kurs	Kompaßkurs berichtigt für Deviation	Distanz sm
Needles-Casquets	218°	216°	66
Casquets-Les Hanois (clear of rocks)	228°	226°	21
Les Hanois-SW Minquiers	162°	159°	36
SW Minquiers-St. Malo	158°	155°	19

Ich persönlich zeichne die gewünschten Kurse nicht in die Karte ein, und das hat folgende Gründe: Offensichtlich hat ein solcher Kurs keinen Gebrauchswert mehr, falls man zu einer anderen Position versegelt hat; man muß dann einen neuen Kurs legen von der nun mal erreichten Position bis zum gewünschten Landfall oder der nächsten Ansteuerungsmarke.
Der in die Karte eingezeichnete Originalkurs wirkt auf manche Leute irgendwie „magnetisch", als handle es sich um eine zementierte Autostraße, auf der sie besser vorankommen als auf jedem anderen Streifen Wasser. Bild 2.3 soll das verdeutlichen. Wenn du vermeintlich von A nach B segelst, findest du dich aus unterschiedlichen Gründen am Ende jedoch bei C. Dein neuer direkter Kurs wäre natürlich CB, und an AB ist nicht das geringste mehr interessant. Der Wind SSE, womit es klar ist, daß der Schlag auf Bb-Bug der kürzere und vorteilhaftere ist. Es würde dich aber erstaunen, wieviele Leute in solcher Lage wünschen, auf Stb-Bug weiterzusegeln, um „schneller wieder auf den alten Kurs zurückzukommen."
Die einzige Methode, solche unverständlichen aber doch sehr geläufigen Irrwünsche zu vermeiden, ist nach meiner Meinung die, erst gar keinen in die Karte einzuzeichnen. Andererseits lohnt es nach meiner Meinung aber sehr wohl, vom Zielpunkt aus eine Kartenrose wie in Bild 2.4 zu zeichnen. Schreibe an jeden Strahl die mißweisende Kurszahl (M), die du

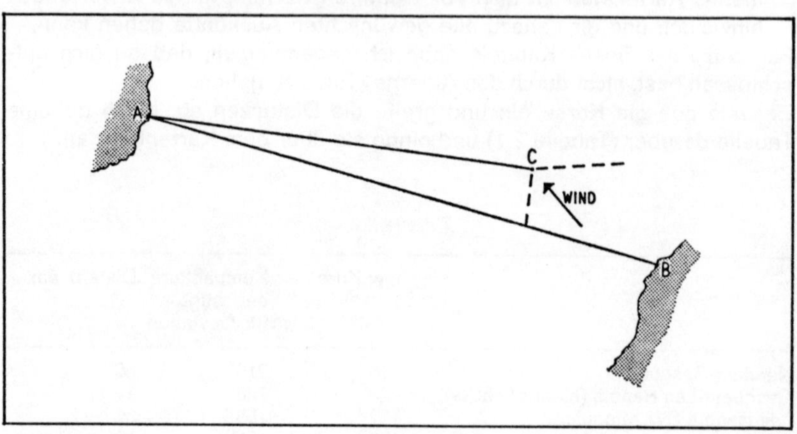

Zeichnung 2.3

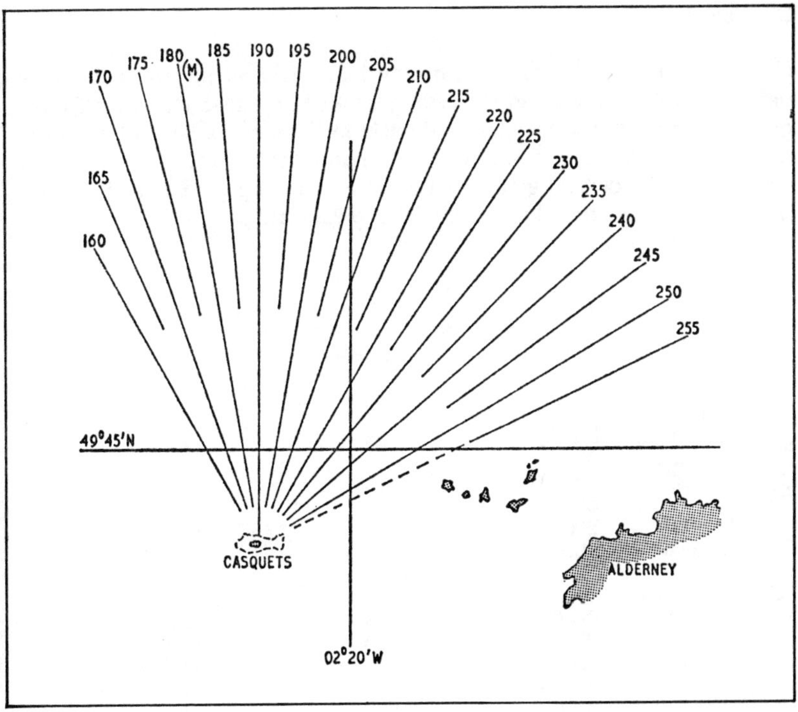

Zeichnung 2.4

auch je nach Wunsch schon für die Deviation beschickt haben kannst — markiere die Rosenstrahlen dann als „KK" (Kompaßkurszahlen). An dieser Rose kannst du beim Kreuzen oder im sonstigen Bedarfsfalle gleich deinen neuen Kurs ablesen. Du wirst dabei auch noch merken, daß du den Kurs zum Ziel selbst dann festlegen kannst, wenn das Ziel hinterm Knick der gefalteten Karten noch verborgen ist.

In diesem speziellen Falle sorgt die Rose automatisch auch noch für eine Sicherheitspeilung, die frei von den Felsen zwischen Alderney und den Casquets vorbeiführt.

Die Feuer

Pinne über den Kartentisch auch eine Liste aller wichtigen Leuchtfeuer, deren du während der Fahrt ansichtig werden könntest. Das wird dir eine große Hilfe zu ihrer schnellen und leichten Erkennung sein. (Das Leuchtfeuerverzeichnis kommt während der Fahrt meist erst dann ins Spiel, wenn die Crew dich zu einem gesteuert hat, das du gar nicht sehen wolltest, das nicht in deiner Liste nach Tabelle 2.2 steht.)

Tabelle 2.2

Feuer	Kennung	Wiederkehr	Sichtweite sm
Cherbourg (Fort de l'ouest)	Blz (3)	15 s	w24, r21
C de la Hague	Blk	5 s	18
Quenard Point	Blz (4)	15 s	17
Casquets	Blz (5)	30 s	17
Platte Fougère	Blk	10 s	12
Groznez Point	Blz (2)	15 s	19
La Corbière	Glt	10 s	17
Roches Douvres	Blk	5 s	20
NW Minquiers	Blk (2)	10 s	Tonne
SW Minquiers	Blk (4)	15 s	Tonne
Cape Frehel	Blz (2)	10 s	23
Le Courtis	Blz (3)	12 s	8
Le Grande Jardin	Blz (2)r	10 s	13

Wenn die Tabelle fertig ist, schau nach, ob darin zwei Feuer mit gleicher oder sehr ähnlicher Kennung vorkommen (das gibt's!), damit du gewahrschaut bist.

Es mag manchem als Übertreibung gelten, daß man zwei um mehr als 20 sm auseinanderliegende Feuer verwechseln könnte, aber es ist einmal nach einem schweren Sturm einem sehr guten Navigator eben doch passiert, weil die Wache an Deck in der Nacht für den größten Teil ihres Törns bis zu 40° abgefallen war, um trockener zu segeln. Sie hatte nur vergessen, es dem Navigator auch zu sagen.

Studiere auch gründlich die Feuer, nach denen du in den Hafen einlotsen mußt — es wird noch genauer auf Seite 108 diskutiert. Die Nachteinsteuerung eines fremden Hafens kann recht verwirrend sein, doch je mehr man sich mit dem Zusammenwirken der Einsteuerungs- und Molenfeuer beschäftigt hat, umso einfacher gelingt es.

Gezeiten (Tiden)

Hat man die Absicht, auf der Nordsee oder im Kanal länger als 24 Stunden draußen zu sein, dann lohnt es sich, für die betreffenden Tage auf dem betreffenden Gezeitenstrom-Atlas die Uhrzeiten für Dover-Hochwasser zu notieren, und zwar auf der Seite für Dover HW. Sodann notiere die Uhrzeiten auf den Seiten vorher 1 . . . 5 h vor Dover HW und den Seiten hinterher für jede Stunde nach Dover HW. Für 1968 war Dover HW am Sonnabend, 6. 7. um 0800 MEZ (= British Summer Time) und 2025 MEZ; am Sonntag, 7. 7. um 0907 und 2133; am Montag, 8. 7. um 1011 und 2236. Auf die Innenseite des Umschlagdeckels des Atlas kannst du dann noch den mittleren Tidenhub für die betreffenden Tage bei Dover notieren: Sonnabend 4,4 m (14,3 ft), Sonntag 4,6 m (15,1 ft), Montag 4,9 m (16,0 ft). So kannst du für jeden Augenblick des Tages schnell nachsehen, was die Tide macht, indem du nur den Stromatlas öffnest. Schau dir die Stromangaben auf den Atlasseiten gut an. Kentert der Strom an deinem Schiffsort zuerst in Küstennähe oder weiter draußen? Setzt der Strom unter Land stärker oder draußen? Gibt es da Stellen mit besonders starker Strömung, denen du besser ausweichst — z. B. Pentland Firth 10 kn oder Portland Race 7 kn.

Die Funkfeuer

Viele Funkfeuer, besonders die im Englischen Kanal, sind zu Ketten mit gleicher Frequenz gruppiert und senden im Turnus nacheinander je eine Minute ihr Rufzeichen und den Peilton. Man kann so, ohne die Frequenz wechseln zu müssen, mehrere für das Revier günstige Feuer peilen. Die zentrale Kanalgruppe besteht beispielsweise aus den Feuern Portland, St. Catherines, Cap d'Antifer, Le Havre, Pointe de Ver und Barfleur, alle

auf 291,9 kHz. Es gibt farbige Karten über diese Funkfeuerketten bei Eckardt & Messtorff, Hamburg 11, Rödingsmarkt 16, und bei englischen Yachtausrüstern. Man sollte sich eine solche Karte über den Kartentisch pinnen.
Es gibt auch Flugfunkfeuer, die man von See aus peilen kann. Sie sind in den Seekarten eingetragen und mit „R. C. (Aero)" bezeichnet (engl. RBn Aero).
Damit hast du alles mögliche getan, dir die Arbeit als Navigator zu erleichtern. Du hast so gut wie möglich dafür gesorgt, daß du unterwegs nicht in lauter Büchern nachschlagen mußt. Du hast alles zusammengelegt, was du brauchst: Instrumente, Bleistifte, Radierer (Plastik), Bleistiftspitzer usw. Du hast die Kurse festgelegt, die Entfernungen abgegriffen, die Gezeiten notiert, die Karte studiert, eine Liste der Leuchtfeuer angelegt, Sicherheitspeilungen an allen gefährlichen Stellen des geplanten Törns eingetragen — und endlich alle Zahlen nochmal überprüft.
Nun brauchst du nur noch den neuesten Wetterbericht (und in Großbritannien machst du noch einen Gang zum Zollamt, um einen Blick in die letzten *Notices to Mariners* zu werfen), dann bist du bereit zum Auslaufen.
Es war einmal ein Yachteigner, der einige Freunde mit hinaus zu einer Tagessegelpartie nahm. Die ferne Küste und die lieblichen Hügel achteraus badeten sich im Sonnenschein. Das Boot glitt leicht und fast lautlos durch das stille Wasser, und so um Mittag lag der Hafen, kaum noch sichtbar, meilenweit.

In See

Mit einem guten Lunch und zwei erwachsenen Gin auf seiner Innenseite war der Eigner überzeugt, daß er einen kleinen Schlummer verdient habe, und legte sein Ohr ans Kojenpolster. Als er etwa eine Stunde später erwachte, war der Wind gerade ein wenig zu stark für alles Tuch. Besorgter um seine Segel als um seine Position kümmerte er sich gleich darum, daß die Genua geborgen und eine kleine Fock gesetzt wurde. Doch kaum stand die richtig, da verlangte der steifer werdende Wind ein Reff im Großsegel.

Der Eigner entschloß sich, zu reffen, was er seit Jahren nicht mehr gemacht hatte, weil er nur bei schönem Wetter — ferne Küste im Sonnenglast, siehe oben — segelte. In den Reffgatchen waren keine Reffbändsel, und mit seiner unbefahrenen Mannschaft dauerte es eine Überweile, bis welche eingeschoren waren, bis das Reff dann auch noch eingebunden war. Da erst sah der Eigner einmal auf und um sich. Er fühlte sich kalt und feucht, die Sicht war dichter geworden, kein Land mehr zu sehen. Der Eigner straffte sich, ging unter Deck, um sich mal die Karte anzusehen (zum Glück hatte er sie gegen seine Gewohnheit für den kleinen Törn mal mitgebracht). Und sprach zu sich selbst: „Wir haben vielleicht drei Stunden mehr oder minder Südwest gesegelt — mit welcher Fahrt eigentlich? Na, vielleicht 5 kn oder sechs, ergo — was mögen eigentlich die anderen gemacht haben, während ich schlief? Hm, die müssen mal gehalst haben, aber auf welchen Kurs? Und was war der Kurs, als ich zur Koje törnte, noch? Wie setzt jetzt eigentlich die Tide. Verdammt, wo sind wir? Und die Batterien im Peilempfänger sind auch leer."

Unser Held war da auf einer unerfreulichen „Position" angekommen: er hatte nur die Wahl, auf die Küste zuzufahren — aus einer unbestimmten Ablaufposition auf vorgelagerte Riffe zu und durch Regenschauer hindurch, die die Sicht auf knapp 500 m einschrumpften, und das bei zunehmendem Seegang — oder das unfreundliche Wetter hier draußen abzureiten, beiliegend mit einigen Seekranken.

Diese Fabel ist keineswegs lebensfremd; *mutatis mutandis* ist sie oft vorgekommen und wird sich auch noch oft wiederholen. Die Moral der Ge-

schichte ist, daß du *unausgesetzt und immer navigieren* mußt. Das Autofahren mag auf Navigatoren einen schlechten Einfluß haben — hat man sich dabei verfranzt, dann schaut man erst nachher in die Karte, fährt zurück oder fragt einfach nach dem Weg. Auf See ist das unmöglich. Man muß zu jedem Zeitpunkt eine klare Vorstellung vom Standort seines Schiffs haben — unbedingt, und je näher man dem Land ist, um so genauer muß man diesen Ort kennen: Im Fluß Beaulieu auf 20 m genau, im Solent auf 200 m genau, in Küstennähe auf eine halbe Seemeile genau, im Ärmelkanal auf 3 . . . 5 sm und mitten auf dem Atlantik mögen es auch 50 sm sein, wenn's keine Regatta ist. Ein Navigator muß seinen Schiffsort wenigstens jede Stunde auf der Karte mit bestmöglicher Genauigkeit eintragen — mach das zu deiner Regel und bleibe bei ihr (außer mitten auf dem Atlantik oder Pazifik).
Wie aber kann der Navigator seinen Schiffsort auf der Karte laufend fixieren? Es gibt zwei Möglichkeiten: 1. durch Koppelrechnung mit Kurs und Geschwindigkeit; 2. mittels Standlinien.

Koppelrechnen

Das ist der Name für die Methode, bei der man mit Kurs (Kompaß) und gesegelter Distanz (Logge) seinen Weg in der Karte nachzeichnet und so für eine bestimmte Uhrzeit zu einem wahrscheinlichen Schiffsort für diese Zeit gelangt. Wenn du ein dir bekanntes Zimmer in Stockdunkelheit durchschreitest, ohne irgendwo anzuecken, dann machst du das nach der Koppelmethode: du gehst eine bestimmte Zahl Schritte in einer gewissen Richtung, machst nach einer bekannten Zahl Schritten eine leichte Backbord-Kursänderung, um an der Tischecke vorbeizukommen, und wieder nach Steuerbord, um die Tür zu erreichen. Wenn du nun das Licht anknipst, dann bist du wahrscheinlich nur ein paar Handbreiten von deiner Zielposition „versegelt". Der Raum ist zwar nur in deinem Gehirn kartographiert, aber du bist fast richtig angekommen — wahrscheinlich ohne daß dein Bewußtsein es merkte, hast du im Geiste Kurs und Geschwindigkeit (oder Entfernung entsprechend der gesegelten Zeit) aufgezeichnet.
Auf See zeigt die Seekarte, was da alles im und am Rande des Raums herumsteht. Dazu hast du das Log, das dir den zurückgelegten Weg mißt, und den Kompaß, der dir die Fahrtrichtung anzeigt. Wenn du das nicht

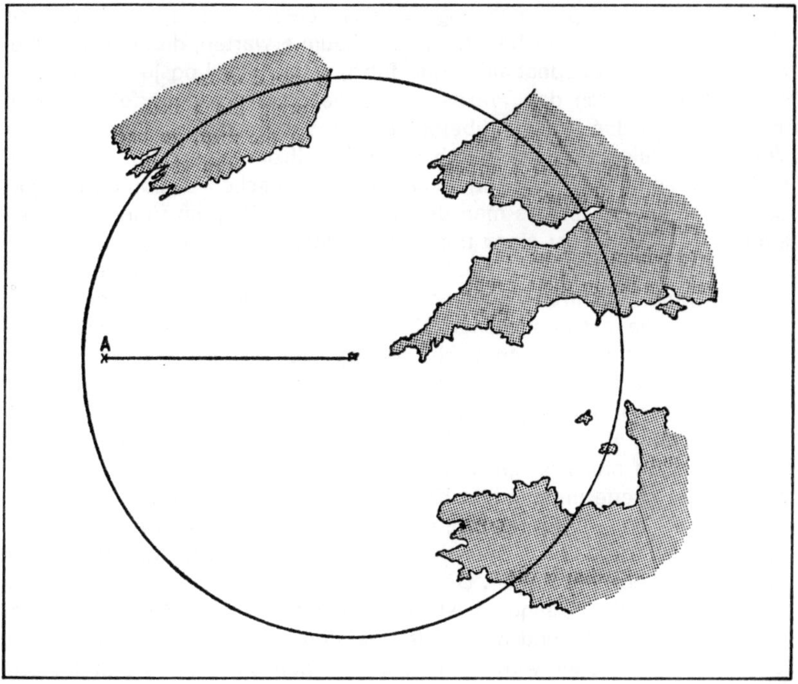

Zeichnung 3.1

ständig koppelst und aufzeichnest, bis du in derselben Situation wie ein Mensch in einem ihm völlig fremden dunklen Raum: völlig verirrt.

Sehen wir uns mal in bis zur Absurdität durchgeführter Konsequenz an, was passiert, wenn man ohne jedes Koppeln dahinsegelt. Du verläßt die Scilly Islands und segelst 24 Stunden, ohne Kompaß und Log zu beachten. Am Ende dieses Tages ist es wolkig, und der Funkpeiler tut's nicht — wo bist du? Wenn die höchste Fahrt, die das Boot laufen kann, 7 kn ist, dann kannst du irgendwo innerhalb des Kreises der Zeichnung 3.1 sein, sofern da nicht Land oder Land in Sicht ist. Hättest du aber gekoppelt (ohne Fehler), dann wüßtest du, daß du bei A stehst, 150 sm von den Scillies ab (Log) auf einem Kurs von 270 (Kompaß).

Der Zweck der Koppelrechnung ist, das „Gebiet der Ungewißheit" so klein wie möglich zu machen. Man kann kaum erwarten, daß die Koppelei zu exakten Positionsbestimmungen führt, zumal das Log ja nur die Geschwindigkeit durch das Wasser mißt, die durch Propellerfehler falsch in Weg durch das Wasser übersetzt wird, wozu sich noch eine weitere Verfälschungskomponente durch mögliche Stromversetzung gesellt, so daß der Weg über Grund, und damit die geografische Position durch Koppeln, eher anders ist, als man denkt. Aber das Koppeln führt in ein bestimmbares Gebiet zu einer ungefähren Position, die es leichter macht, den wahren Schiffsort zu bestimmen — brauchbare Funkfeuer in der Nähe, nachts Leuchtfeuer, mit deren Sichtbarwerden man rechnen kann, und selbst die astronomischen Navigationsverfahren gehen heute alle von einem angenommenen Schiffsort aus, der in der Nähe des gekoppelten Schiffsorts liegen soll, damit die Berichtigungs- oder Bestimmungsgrößen Platz auf dem Papier des Meß- oder Kartenblatts haben. Natürlich nur, wenn man Ausgangsort und -zeit in die Karte eingetragen hat.
Wäre die See still wie ein Mühlteich, stände der Wind auf und nieder, hielte jeder Steuermann exakt Kurs, hätte der Kompaß keine Ablenkung durch Schiff und Zufälligkeiten, und wäre das Log hundertprozentig genau, dann würde das Koppeln dich ohne jede weitere Art der Navigation um die Welt herum bringen. Der Kurs von den Needles vorm Westende von Wight zu den Casquets ist mw 218; die Distanz 66 sm. Wäre der Kanal ein Mühlteich, und wir würden bei den Needles das Log einsetzen und 218 steuern, dann wären wir genau bei den Casquets, wenn das Log 66 anzeigt. Sowas kommt höchstens einmal in einem Leben vor. Ich erlebte es mal als Kind, als ich nachts in der Themsemündung vor eine unbeleuchtete Tonne lief, als mein Vater gerade sagte, sie müsse irgendwo in der Nähe sein.
Was beeinflußt nun deine Koppelei, welche Fehler schleichen sich ein, und was kannst du dagegen tun?

Die Gezeiten

Die vorrangigste und am ehesten von dir erwartete Kraft, die dich vom gewünschten Kurs abbringt, ist der Gezeitenstrom. Nimm das einfachste Beispiel: Wenn du eine Stunde lang mit 5 kn Fahrt Süd steuerst, und wenn da ein Strom mit 1 kn nach Ost setzt, dann wirst du ein Plot (Navigationsdiagramm) wie in Zeichnung 3.2 haben. Du startest bei A mit Kurs

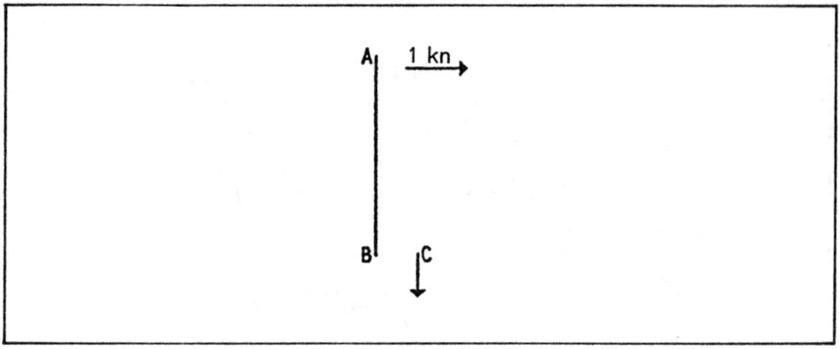

Zeichnung 3.2

nach B, und die Tide hat dich in der einen Stunde nach C versetzt. Für die nächste Stunde setzt du deinen Plot von C aus ab, von dem so berechtigten Koppelort.

Betrachten wir uns das Verhalten der Tide im Kanal von 1 h nach Dover HW beim Ablauf von den Needles, wenn der mittlere Tidenhub bei Dover 5,7 m ist, und wir mit mw 218 Kurs ablaufen. Wir machen 6 kn Fahrt durchs Wasser, und aus dem Stromatlas (in dem die Uhrzeiten für jede Seite notiert sind) erkennen wir, daß wir für die nächsten vier Stunden (1, 2, 3 und 4 h nach Dover HW) folgende Tidenströme antreffen:

Stärke kn	mw Richtung
1,6	270
2,4	270
2,8	270
2,2	270
9,0 sm	270

Zeichnung 3.3 zeigt zweierlei Methoden, das zu plotten: (a) man trägt den Stromversatz für jede abgelaufene Stunde ab oder (b) für alle vier Stunden auf einmal. Das Endergebnis ist dasselbe; welches der beiden Verfahren das bessere ist, das hängt von den Umständen ab. Meist ist es korrekter, für alle vier Stunden zu berichtigen, weil man sich dann nicht mit Stundenbruchteilen oder ähnlichem zu verwirren braucht. So ist eine Gesamtkorrektur über alles am Anfang eines längeren Törns

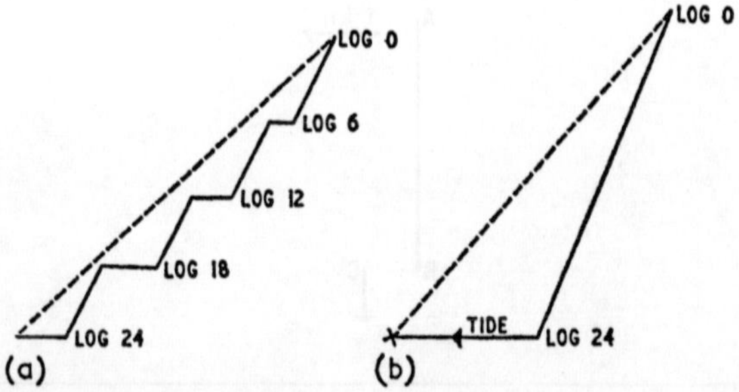

Zeichnung 3.3

nach meiner Meinung vorteilhafter, weil es im offenen Wasser nicht auf Genauigkeit von Minute zu Minute ankommt, sondern auf Genauigkeit am Ende der Reise.

Andererseits ist während Küstennähe und beim Landfall eine Berichtigung Stunde um Stunde ratsamer, weil die auf die Minute genaue Position dann sehr wichtig ist. Auch wenn der Tidenstrom nicht über längere Zeit konstant in Stärke und Richtung ist, mag es einfacher sein, jede Stunde zu plotten. Vergleiche dazu:

Stunde	Richtung	Stärke
1	230	2
2	250	2
3	260	2
4	270	2
mittel	252	8 sm

Stunde	Richtung	Stärke
1	230	1,5
2	250	2,0
3	260	3,0
4	270	3,0
mittel	256	9,5 sm

Die mittlere Richtung aus dem linken Beispiel mit konstanter Stromgeschwindigkeit zu finden ist einfach. Beim rechten Beispiel ist aber mehr Sorgfalt nötig, und es hängt von dir persönlich ab, ob du die mittlere Richtung ausrechnen oder nicht doch lieber Stunde für Stunde plotten willst.

Die andere aus Zeichnung 3.3 ableitbare Frage ist, ob du nicht für die Tide vorhalten solltest und also einen östlicheren Kurs steuern läßt, um damit auf deinem direkten Kurs zu bleiben, statt dich einfach von ihm abtreiben zu lassen. Das ist eine wirklich strategische Frage, und bei einer Überquerung des Ärmelkanals mit einer Segelyacht, die immer etwa eine Flut und eine Ebbe lang dauert, ist es besser, die Versetzungen zu ignorieren und sich gegenseitig aufheben zu lassen. Du segelst einen weiteren Weg, wenn du dich streng auf dem direkten Kurs hältst, als wenn du dich weg- und wieder hinschwemmen läßt. Kriegst du es aber nur mit einer Halbtide zu tun, wie meist mit schnellen Motoryachten bei der Kanalüberquerung, dann mußt du durch einen Vorhaltekurs schon vorher dafür sorgen, daß der Steuermann den direkten Kurs gutmacht.

Die Karten des britischen Tidenatlas sind nicht ganz einfach genau zu interpretieren; man muß sich da schon etwas vorsehen. So ist da für „eine Stunde nach Dover HW" des *English Channel Atlas* gleich südlich von St. Catherine's Point (südlichste Huk der Insel Wight) ein Pfeil mit 1.3, 2.4 bezeichnet. Wenn du nun in den Tidenatlas für *Solent and Adjacent Waters* für die Zeit 1¼ h nach Dover HW hineinschaust, dann wirst du für dieselbe Stelle südlich St. Catherine's Pt. einen Pfeil mit der Bemerkung 1.7, 3.4 finden. Da scheint ein Unterschied zu sein, aber wenn du in beiden Fällen mal die Distanzen der Pfeile von der Huk in den Zirkel nimmst und am Breitengradrand der Karte nach Seemeilen vergleichst, dann wirst du sehen, daß der erste Pfeil 5 sm weit von der Huk liegt; der letztere (auf der Karte größeren Maßstabs) aber nur 1 sm.

Richte dich jedenfalls nach dem detailreicheren Atlas, wenn du ihn hast. Sieh in jeder Seekarte nach, ob es da Tidenstrompositionen gibt, die im Atlas keine Angaben über die Stromstärke haben. Bedenke in solchen Fällen, daß

1. die Tide schwächer in Buchten und stärker vor Huken setzt.
2. die Tide stärker in Küstennähe, schwächer in Küstenferne setzt,
3. der Strom in Küstennähe zuerst kentert,
4. die Flut in Buchten hineinsetzt.

Markiere deinen Kurs im Tidenatlas sorgfältig, damit du weißt, bei welchem Pfeil du angekommen bist; stehen bei ihm keine Zahlen, dann nimm das Mittel aus den zwei nächstbenachbarten Ziffern. Vergiß nicht, den mittleren Tidenhub von Dover für den betreffenden Tag nachzuschlagen. Es ist schwer, hier weiteren Rat zu dem Thema zu geben. Wie du die Tidenatlanten und die Informationen über Gezeiten in den Karten benützen wirst, das ändert sich so sehr von Ort zu Ort, hängt zudem so sehr von der Geschwindigkeit und der Richtung ab, daß hier wie bei allem

anderen in der Navigation die einzige Antwort ist, solange ständig zu üben bis du Erfahrung gewonnen hast.
Zeichnung 3.4 zeigt einen Ausschnitt aus dem Tidenatlas für *Solent and Adjacent Waters* (St. Catherine's ist die Südhuk der Isle of Wight) für eine Stunde nach Portsmouth HW (Stromgeschwindigkeit nur für mittleres Springhochwasser eingetragen). Der in nämlicher Stunde gesegelte Kurs beginnt bei A, Fahrt 6 kn. Als mittlere Strömung habe ich 2,4 kn genommen; beginnend mit 20 min lang 1,8 kn, dann 20 min mit 2,3 kn und die letzten 20 min mit 3,0 kn. Wenn nun, was möglich wäre, der Strom bei Ventnor schneller setzt, dann würde dies dir einen Extraschubs geben, so daß du die letzten 10 min im Gebiet mit 3,4 kn Strom segelst, statt mit 3 kn. In solchem Falle wird dein Mittel bei 2,8 kn liegen.
Das mag dir alles sehr pingelig erscheinen, aber wenn du zwölf Stunden lang einen kleinen Irrtum von einem halben Knoten machst, dann bist du am Ende 6 sm daneben, und wenn du in Nebel gerätst, dann können 100 m von großer Bedeutung sein. Es lohnt sich, pingelig in der Navigation zu sein.

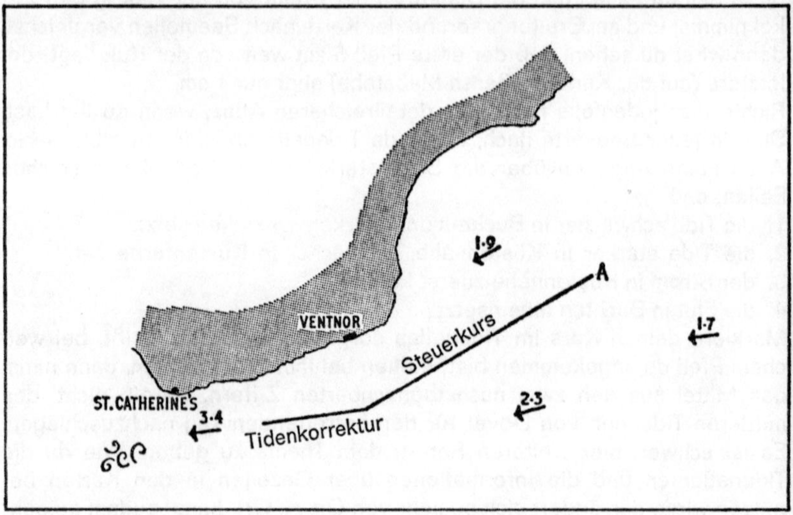

Zeichnung 3.4

Deckpeilungen

Man kann gerade auf eine Tonne, Hafeneinfahrt usw. zusteuern, ohne sich um Tiden, Ströme und Abdrift zu kümmern, falls man Land hinter seinem Ansteuerungsobjekt sieht und, sagen wir mal, den Baum da hinten stets hinter der Tonne hält. Der Bug mag 20° daneben nach Stb oder Bb zeigen — macht nichts, wir sind auf dem kürzesten Weg zu jener Tonne und berichtigen unseren Kurs automatisch nach Änderungen der Stromstärke und -richtung; die Tonne peilt konstant. Wenn du in stärkerem Strom segelst und schon beinahe hart am Wind bist, könntest du beschließen, nicht zu jener Tonne zu laufen, aber das ist eine andere Sache.
Deckpeilungen funktionieren auch andersrum. Falls du siehst, daß sich ein anderes Schiff gegenüber dem Hintergrund bewegt (verschiebt), wirst du mit ihm nicht kollidieren; wohl aber wenn es sich *nicht* gegenüber dem Hintergrund verschiebt. Vielen ist das unterbewußte Automatik beim Autofahren und Spazierengehen, und doch haben manche damit auf See Anwendungsschwierigkeiten.

Strömungen

Es gibt auch Strömungen, die nicht von den Gezeiten herrühren, wie zum Beispiel der Golfstrom. In den britischen und übrigen nordeuropäischen Gewässern kann man solche Strömungen gewöhnlich ignorieren, aber den Golfstrom vor Amerikas Ostküste und die Äquatorialströme des Pazifik muß man berücksichtigen.

Drift, Leeweg

Leeweg oder Abdrift nennt man die Komponente der Windkraft, die das Boot „den Wind hinunter" drückt — nicht nur Segelboote, sondern ganz besonders auch Motorboote, besonders solche mit geringem Tiefgang. Der Leeweg wird gewöhnlich als Winkel gemessen. Eine gute Seerennyacht macht nur wenig Leeweg; merkbar wird er allenfalls beim Segeln hoch am Wind. Bei hoher Dünung und leichtem Wind macht man sehr wahrscheinlich Leeweg, der aber nur schwer abzuschätzen und von Boot zu Boot auch verschieden ist. Bei einigen Motorseglern und Motorbooten mit wenig Tiefgang würde ich einen Vorhaltewinkel von 2 . . . 3° zur Aufhebung des Leewegs in den Kurs einrechnen; je höher die See geht, um-

so größer der Leewegwinkel. Bei einer modernen, tiefgehenden Kielyacht ignoriere ich den Leeweg, solange nicht sehr grobe See geht. Ein Fehler von 1° bringt einen auf 60 sm Segelung nur 1 sm vom Kurs ab. Bedenke dagegen, daß eine falsch abgelesene Tideninformation dein Koppelbesteck um 1 sm bei schon 5 sm Segelung versegeln kann, und du wirst mir zustimmen, daß Leeweg oder auch Drift keine große Bedeutung hat.
Beim Kreuzen (gegen den Wind) dicht unter der Küste mußt du freilich sorgfältig beobachten, ob das Boot Leeweg macht und wieviel. Du kannst es besonders klar erkennen in den Stillwasserzeiten der Tide bei HW und bei NW. Dabei lernst du das Boot schnell kennen und kannst beurteilen, was du für Leeweg bei ihm berichtigen mußt, wann und wann nicht.
Bei Motorbooten, die viel mehr Leeweg machen, kann man manchmal den richtigen Vorhaltwinkel daran erkennen, in welchem Winkel das Schraubenwasser achtern schräg zur Bootslängsachse wegsteht.

Kompaßfehler — Parallaxe

Wenn das Boot Pinnenruder hat, besteht immer die Gefahr, daß der Steuermann die Parallaxe nicht oder nicht genug berücksichtigt. Das heißt, daß es von seinem seitlichen Sitz gesehen so aussieht, als läge (sagen wir mal) 090 am Fahrstrich an, wogegen das Schiff tatsächlich 095 oder 085 anliegt, was man auch erkennt, wenn man genau von achtern auf den Kompaß guckt. Manchmal kann man diese Schwierigkeit umgehen, wenn man nach einem der Dwars-Steuerstriche des Kompasses steuert, aber das sollte der Navigator erst mal selbst ausprobieren, den Steuermann entsprechend anweisen — und prüfen, damit in die Koppelrechnung nicht aus diesem Grunde ein konstanter Fehler eingeht.

Mißweisung und Deviation

Davon war schon die Rede, aber rekapitulieren wir: Vom Handpeilkompaß wird angenommen, daß er keine Deviation hat (Halte ihn beim Gebrauch nicht zu nahe an Wanten, Stagen und sonstiges Eisen), du brauchst dich beim Peilen also nur um die Mißweisung zu kümmern. Der Steuerkompaß hat seine eigene Deviations- oder Steuertafel, und die darauf verzeichneten Korrekturen müssen berücksichtigt werden bei den Kursen, die er dir nennt wie auch bei den Kursen, die du dem Rudergänger zu steuern aufträgst.

Da die Koppelei nun mal so vollständig vom Kompaß abhängt, ist klar, daß die Möglichkeiten zusätzlicher Fehler durch ihn nicht toleriert werden können. Hast du den Verdacht, daß der Kompaß eine Ablenkung hat, die nicht in der Deviationstafel steht, dann muß sofort und gründlich die Ursache gesucht, gefunden und beseitigt werden. Gelingt das nicht, dann muß das Schiff zur Aufstellung einer neuen Deviationstafel gedreht werden. Bedenke wohl, daß auf großen Stahlschiffen der Kompaß zweimal täglich deviationskontrolliert wird. Das ist natürlich auf einer Holz- oder Glasharz- oder Aluminiumyacht nicht nötig, aber ich prüfe die Deviation immer vor Beginn eines längeren Törns oder einer wichtigen Seeregatta.

Loggefehler

Nimmst du bei einem Patent-Schlepplog die vom Hersteller empfohlene Logleinenlänge, dann ist der Loggefehler gewöhnlich nicht groß. Bei einer hohen achterlichen See übertreibt ein solches Log aber gewöhnlich, weil sein Propeller dauernd bergauf, bergab fährt. Illingworth nennt 6 % als maximalen Fehler. Ich habe bei einer wahrlich sehr hohen achterlichen See einmal 10 % Vorgang des Logs festgestellt. Das sind aber gottlob keine gefährlichen Fehler; im Gegenteil, sie locken einen nicht auf die Küste. Eine zu kurze Logleine mißt zu wenig Fahrt, weil der Propeller an ihr zu oft aus dem Wasser hüpft. Wenn das Boot mehr als 12...13 kn Fahrt machen kann, sind die Schlepplogs nicht mehr brauchbar, weil ihre Propeller dann nur noch auf der Wasseroberfläche springen; selbst dann, wenn sie hinter dem Propeller noch ein Bleigewicht schleppen.
Immer wenn du bei einer Passage ohne Kursänderung andere Möglichkeiten hast, die Fahrt des Bootes oder die abgesegelte Distanz zu messen, vergleiche sie mit der Anzeige des Logs. So kommst du bald dahinter, unter welchen Bedingungen es zuviel oder zuwenig anzeigt, und bis zu welchem Ausmaß. Bei Segelyachten ist ein Patent-Schlepplog aber meist sehr genau — bei Motoryachten weniger.

Steuermannsfehler

Das ist der variabelste, aber am allerwenigsten diskutierte Fehlerfaktor von allen — nach meiner Meinung der allerwichtigste.

Da der Navigator nicht immer selbst das Boot steuern kann, muß er beim Koppelbesteck zum größten Teil das glauben, was der Steuermann ihm über das, was er gesteuert hat, erzählt. Somit ist die Genauigkeit einer Koppelrechnung also ganz wesentlich von der Zuverlässigkeit und dem Können des Steuermanns abhängig; sowohl von seiner Fähigkeit, ein Boot zu steuern, als auch von seiner Fähigkeit, zu erkennen und zu behalten, was er gesteuert hat.

Es ist für die Zwecke der Koppelei nicht so wichtig, wenn er 160 statt der verlangten 180 gesteuert hat — dafür mag er seine guten Gründe gehabt haben, aber es ist absolut *nötig*, daß der Navigator dies auch erfährt — am besten sofort, wenn der Steuermann sich zu dieser Abweichung entschließt.

Für den Navigator heißt dies andererseits, daß er seine Steuermänner (und ihre Eigenheiten) kennen oder schnellstens kennenlernen muß. Er sollte wissen, welcher Mann aus dem Schiff in leichtem Wetter das beste an der Kreuz herausholt, wer der beste Steuermann in einer hohen achterlichen See ist, wer befahren und wer noch „grün" ist, wer konzentriert steuert und wer ein Leichtfuß ist. Es ist oft sogar nützlich, zu wissen, von welchem Revier ein neuer Steuermann kommt; solche von engen Seeräumen, in denen man immer etwas sieht, wie westliche Ostsee, Oslofjord, Bahamas, haben oft eine Neigung, auf alles loszufahren, was sie sehen — auch wenn man ihnen sagt, daß die nächste Tonne, die man sehen möchte, nur eine ist, die 15 sm weit auf dem angesagten Kurs voraus liegt.

Auch solltest du als Navigator über die Eigenarten der Yacht Bescheid wissen — ist sie luv- oder leegierig, ist sie fromm oder launig in achterlicher See, verliert sie viel Fahrt, wenn die See rauher wird, und so weiter. Du könntest sagen, daß dies alles die Probleme und Belange des Skippers seien, die mit der Navigation nichts zu tun haben, schon gar nicht bei einem Fahrtentörn, wo es nicht so genau drauf ankommt — und bei einer Regatta ist doch sowieso jeder der Crew auf dem *quivive*. Eben, eben Freund! Das gilt auch für dich Navigator und deine Navigation. Die heiklen Ereignisse wie auch die wirklich schweren und die fatalen kommen sehr viel häufiger bei Vergnügungsfahrten und gemütlichen Törns und den Heimfahrten von Regatten vor als während Regatten.

Vor langer Zeit segelten wir von Lésardrieux in Frankreich zurück zum Solent. Wir machten die Überfahrt nachts mit Backbordhalsen bei zunehmendem Südwest in ziemlich hoher See, beides von genau achtern. Der Eigner, ein hervorragender Navigator, hatte eine Stirnhöhlenentzündung und mußte unter Deck bleiben, angewiesen auf unsere nach unten gerufenen Informationen über Kurs, Logge und sonstiges von Belang. Wir waren alle unbefahren, wenn auch überzeugt, eine Menge zu wissen. Wir kannten das Boot kaum und hatten unterschwellig Angst vor einer Patenthalse, so daß wir unwissentlich sehr viel höher steuerten, als wir sollten und zu steuern meinten. Wir steuerten wohl 020 statt 040, wie wir sollten. Im Rückblick erscheint mir dies nun als „unmöglich". Ich kann mich nicht erinnern, ob wir irgendwelche Feuer sahen oder sie „mit Erfolg" falsch lasen — Wunschdenken kann sehr gefährlich sein, aber ich erinnere mich, daß während der ersten Morgendämmerung ein Schrei von Deck erschallte, als die Wache im leichten Dunst die hohen Berge zwischen St. Albans und Weymouth nahe voraus erkannte. Wir waren dicht am Portland Race vorbei — und beinahe mitten hinein — gefahren und lagen 30 sm aus dem Kurs.

Das wäre sehr wahrscheinlich nicht passiert, wenn der Eigner an Deck hätte kommen können, um selbst das Ruder zu nehmen. Er hätte dann erkannt, daß der Kurs zu heikel im Hinblick auf ein unerwünschtes Halsen war, hätte uns einen Kurs mehr am Wetter gegeben und nach Koppelrechnung den Zeitpunkt für die nötige Halse genannt. Eine andere Sicherheitsmaßnahme gegen solche Gefahren wäre ein Navigatorkompaß beim Kartentisch oder sonstwo unter Deck, an dem er hätte sehen können, daß wir unseren Kurs nicht so gutmachten, wie wir ihm erzählten.

Jeder Navigator sollte jedes Boot, daß er navigiert, unter verschiedenen Bedingungen einmal steuern, damit er erkennt, ob es bei irgendwelchen Lagen zu Wind und/oder See besondere Schwierigkeiten macht. Kennt er die Mannschaft nicht, dann soll er selbst den Kompaß beobachten; immer wieder und über eine Zeitlang, die ausreicht, um zu beurteilen, ob der jeweilige Steuermann auch so steuert, wie er meint. Versuche dabei, den Kompaß möglichst unauffällig zu beobachten, so daß er nicht merkt, daß du ihn beobachtest, damit er sich nicht ausnahmsweise zusammennimmt.

Ein befahrener Rudergänger wird dir und dem Skipper gegenüber nicht mit Schwierigkeiten beim Steuern des Schiffs hinterm Berg halten, sondern er wird sehr bald so oder ähnlich verkünden: „Sie (die Yacht) ist sehr schwer auf diesem Kurs zu halten. Ich muß entweder die Schoten

etwas fieren oder sie höher an den Wind bringen." (Es wäre ein Kunstfehler von Skipper und Navigator, einem solchen Mann das als „Meckerei" auszulegen.)
Ich fühle mich zu besonderer Beobachtung jener Steuermänner bewogen, die mir ohne näheren Kommentar in schwierigem Wetter versichern, sie hätten den befohlenen Kurs gefahren. Sie mögen dies sogar guten Glaubens sagen, weil sie gar nicht merken, daß da vielleicht einiges zu diskutieren wäre — nicht nur auf Segelyachten, sondern auch auf Motoryachten, die wegen angenehmeren Seeverhaltens in einem Kurs zur See gesteuert werden, der nicht dahin führt, wohin er soll. Nun, das ist ein psychologisches Problem, das jeder auf seine Weise lösen muß. Die Hauptquellen für Schwierigkeiten des Navigators sind im Folgenden dargestellt.

An der Kreuz

In einer frischen, bögen Brise glaubt der Steuermann, den Kurs anzuliegen, aber in jeder Bö hält er höher an den Wind; fünf, zehn, zuweilen

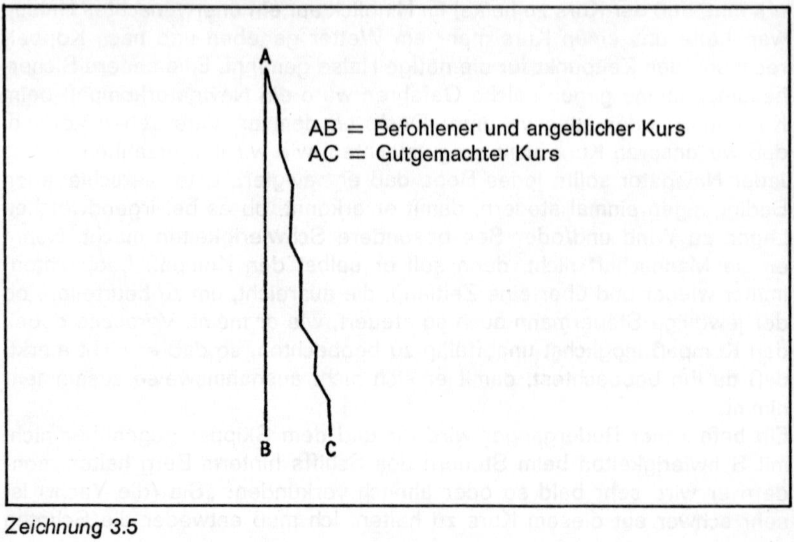

Zeichnung 3.5

auch 15 Grad, und beschleunigt dabei. Fragt man ihn nach seinem gesteuerten Kurs, dann gibt er den während der Mittelwindperioden an, ohne an die Böenluverei auch nur zu denken. Zeichnung 3.5 zeigt, was er mit deinem Koppelkurs dadurch anstellt. Obwohl er ganz schön am Wind hochkneift, nennt er dir einen um 7° anderen Kurs, und das bringt dich nach 60 sm Segelei 7 sm von deinem Kurs ab — immerhin in der Zeit einer schnell durchsegelten Nacht. Während der Nacht mag ein Rudergänger eher vom Wind abfallen, um Fahrt zu fühlen oder auch um weniger naß zu werden. Letzteres mag verständlich sein, ist aber unverzeihlich und gefährlich, wenn er dir dazu den unwahren Kurs ansagt.

In einer sehr leichten Brise haben Yachten zuweilen Leegierigkeit und werden deshalb vom Rudergänger mehr nach Lee gesteuert, um sie am Laufen zu halten, als er sich selber klar wird. Das ist für den Navigator allerdings nicht so schrecklich, weil bei leichtem Wind die Segeldistanzen sehr viel kleiner sind.

Raumschots

Bei einer frischen Brise und einer Dwarssee kann eine Yacht, deren Schoten nicht richtig getrimmt sind (manche auch mit richtig getrimmten), sehr luvgierig sein. Dem Steuermann mag dabei der gutgemachte Kurs immer luvwärts geraten. Von allen Kursen zum Wind ist dieser wohl am schwierigsten zu mitteln, selbst wenn man einen befahrenen Mann am Ruder hat. Ich weiß von einer Yacht, die vom Fastnet Rock zum Bishop Rock während eines Südweststurms im Rennen segelte und sich nach der Nacht viele Meilen nach West versetzt fand, weil sie von ihrer Crew die ganze Nacht nach Luv gezerrt worden war, ohne daß es der bewußt geworden war. Die Yacht gewann in ihrer Klasse trotz solcher Zeitverschwendung, woran man sieht, daß es selbst bei solchen Regatten nicht leicht ist, solche Fehler zu erkennen und sie auszugleichen.

Vor dem Wind

Wie ich schon erzählte, ist es immer gefährlich, einem Steuermann einen Kurs zu platt vorm Wind zu geben, wenn nicht mit Spinnaker gesegelt wird. Er wird ständig anluven, weil er Angst vor einer Patenthalse (das ist eine ungewollte) hat. Man sollte ihm einen Kurs mehr nach Luv geben.

Speedometer-Irrtum

Wenn vor den Augen des Rudergängers ein Speedometer ist, dann besteht immer das Risiko, daß er von dem Ding hypnotisiert wird, einen schnelleren Kurs, aber nicht den befohlenen zu segeln. Um mehr Fahrt zu machen, mag er am Wind abfallen und vor dem Wind anluven. Da er außerdem seine Augen an das Speedometer klebt, werden die Kurse, die er dem Navigator berichtet, einfach alles zu wünschen übrig lassen.
Über den Steuermannsfehler lassen sich keine festen Regeln aufstellen, denn er variiert mit dem Steuermann, mit dir selber und mit deinem Beurteilungsvermögen. Du magst sehr wohl monatelang segeln, ohne auf jene Kombination von Boot, Steuermann, See und Wind zu treffen, die dich in einen ernsten Navigationsfehler schickt. Aber du solltest nie vergessen, dich durch gründliche Prüfung vor Steuermannsfehlern zu sichern, sonst wirst du eines Tages mal einen ganz häßlichen Schrecken bekommen.

Propeller-Irrtum

Wenn man unter Maschine und nur einem Motor lediglich nach Ruderlage steuert — Pinne oder Ruderlagezeiger mittschiffs —, kann es passieren, daß der Propeller das Boot entsprechend seinem Drehsinn ständig ein paar Grad nach dieser oder jener Seite vom geplanten Kurs wegdreht, ohne das es bemerkt wird. Dieser Propeller-Fehler tritt aber nur unter dieser einen Bedingung auf. Steuert man dagegen einen bestimmten Kompaßkurs oder auf ein Ziel an Land zu, dann gleicht der Rudergänger diese seitliche Wirkung des Propellers, meist sogar unbemerkt durch entsprechendes Gegenruder so aus, daß das Boot wie beabsichtigt geradeaus läuft.

Koppel-Lücken

Der letzte Fehler, der sich in deine Koppelei einschleichen kann, ist der häufigste: die Unmöglichkeit, den Koppelort exakt zeichnerisch zu konstruieren, weil keiner die dazu nötigen Informationen notiert hat. So mag eine Stunde Segelei wie folgt ablaufen, ohne daß dies im Logbuch oder in der Navigationskladde steht:

1200 bis 1225 Kurs rw 250 Logge 2 sm
1225 bis 1240 Kurs rw 270 Logge 2 sm — Wind dreht rechts, frischt auf
1240 bis 1300 Kurs rw 290 Logge 2,5 — Wind dreht weiter rechts.

Der Rudergänger müßte schon ein anomal gutes Gedächtnis haben, sich exakt an die Zeiten und an die Distanzen zu erinnern. Sein Bericht wird eher so lauten: „Ja, zuerst waren es 250, dann kriegte ich den Wind plötzlich zu spitz, und seitdem habe ich wohl so um 280 . . . 290 gesteuert." Mit dieser Auskunft mußt du dann 6,5 sm so gut du kannst abtragen. Diese zwei Variationen über eine Stunde Segelei sind in Zeichnung 3.6 dargestellt.

Die Logablesung sollte wenigstens jede Stunde vorgenommen und in Logbuch oder Kladde mit der Uhrzeit notiert werden; besser noch jede halbe Stunde und während eines Seerennens jede Viertelstunde. Versuche, es der Crew zu einer automatischen Gewohnheit zu machen, Kursänderungen, Segelwechsel, Windänderungen usw. mit der entsprechenden Zeit und dem gleichzeitigen Stand des Logs in die Navigationskladde einzutragen oder — im Stil der neuen Zeit — in einen Kassettenrekorder hineinzusprechen, was wohl mehr Zustimmung findet, weil es einfacher ist als Schreiben bei Windstärke 8.

Die Wachführung einer Motoryacht müßte entsprechend notieren oder tonbandnotieren, wann immer sie die Drehzahl der Motoren ändert, mit nur einer Maschine fährt und den Kurs ändert, um besser mit dem Seegang zurechtzukommen. Eine Motoryacht braucht gemeinhin keine Logge abzulesen, weil sich aus der Drehzahl des oder der Motoren eine Beziehung zur Fahrt durch Meilenfahrten hat feststellen lassen.

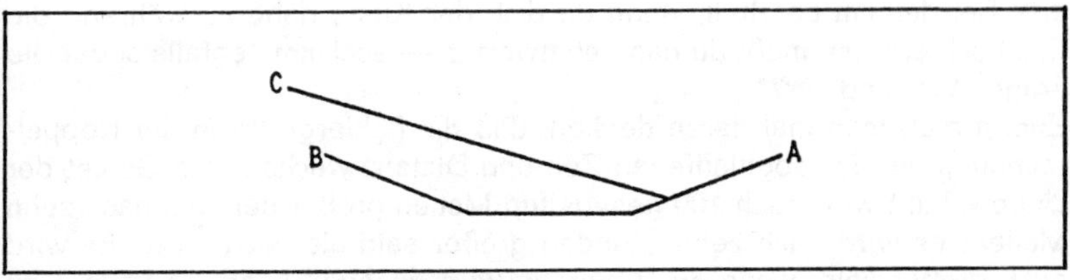

Zeichnung 3.6 AB = gutgemachter Kurs; AC = gekoppelter Kurs wegen unzureichender Angaben; BC = Versetzung 0,9 sm

Ein Beispiel für eine gute Logbuchführung ist in der Tabelle 3.1 gegeben.

Tabelle 3.1

Zeit	Log	Kurs befohlen	Kurs gesteuert	Wind	Barometer
1200	23	90	90	WSW 3	30,2
1230	25	90	95	W bei S 3	30,2
1300	28	100	100	W bei S 3,5	30,1
1310	28,5	100	100	W 4	30,0
1330	30,5	80	80	W 4	
				Bemerkung Wind tendiert rechts St. Catherine plg 355 kl Spi gesetzt Halse, Wind rechts, frischt auf	

Zuverlässigkeit des Koppelbestecks

Man sagt, es sei leicht, seinen Koppelort zu zeichnen, aber schwierig, ihn richtig hinzuzeichnen, und wirklich äußerst schwierig abzuschätzen, wie genau er nun sei. Bei der Schilderung all der verschiedenen Irrtümer, die sich einschleichen können, haben wir erkannt, warum es so schwierig ist, einen Koppelort exakt zu bestimmen.

Nun gilt die Frage, wieviel Vertrauen wir in einen bestmöglich in die Karte gezeichneten Koppelort investieren können. Anders gesagt: Welche Größe und Form hat die „Zone der Ungewißheit“ rings um den Koppelort? Bei deinem Landfall, wenn du dich der Küste näherst, während die Sicht schlecht ist, mußt du das beantworten — schlimmstenfalls sogar die Frage „Wo sind wir?“

Zuerst muß man mal daran denken, daß die Fehlergröße in der Koppelrechnung mit der abgelaufenen Zeit und Distanz wächst. Das Gebiet der Ungewißheit wird nach 100 gesegelten Meilen größer sein als nach zehn Meilen; es wird nach zehn Stunden größer sein als nach einer. Es wird auch größer sein, wenn du 100 sm in 24 h gesegelt hast, als hättest du dieselbe Distanz in nur 12 h geschafft.

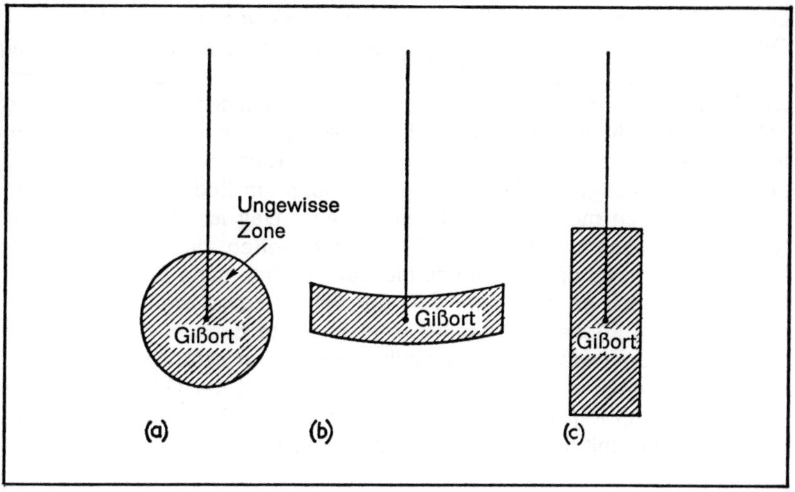

Zeichnung 3.7

Zeichnung 3.7a nimmt eine konstante Fehlermöglichkeit in allen Richtungen an. Wenn du jedoch den ganzen Weg ziemlich schnell bei einer frischen und stetigen Dwarsbrise gesegelt hast, dann wird das Log ziemlich richtig anzeigen, aber du könntest aus irgendwelchen Gründen Zweifel an der Genauigkeit des Steuerns haben — dein Gebiet der Ungewißheit sähe dann aus wie bei Zeichnung 3.7b. Besteht hingegen an der Qualität des Steuerns wenig Zweifel, geht aber die Fahrt durch ein Revier, in dem zuweilen ein nördlicher oder südlicher Strom setzt, so daß du unsicher über deinen Weg über Grund bist, dann sieht das Gebiet der Unsicherheit so aus wie in Zeichnung 3.7c. Ich würde freilich sagen, daß die Form c zu den Seltenheiten gehört, und daß b nur vorkommen kann, wenn geradeaus ohne Kreuzschläge gesegelt worden ist. Sobald aber gekreuzt werden muß, bekommt das Gebiet der Unsicherheit ein vieleckiges Aussehen und wird nach längeren Törns rund, und ich würde nur in Ausnahmefällen ein anderes als rundes Gebiet der Ungewißheit zeichnen.

Du wirst bemerken, daß der (gekoppelte) Gißort in der Mitte des ungewissen Gebietes ist, und das muß so sein. Deine Überlegungen mögen etwa so gehen: „Logge während 4 h Wache 28 sm; ich weiß aber, daß das

Log bei hoher achterlicher See wenigstens 5 % vorgeht; also 26,5 sm." Oder: „Ich habe einen Kurs 180 gegeben, aber Hans hat eine Stunde gesteuert und im Mittel wenigstens 195 gesteuert, und Uli wohl auch, während ich schlief; nehmen wir also 187 gutgemachten Kurs an." So sollte es gemacht werden, und erfahrene Navigatoren machen es auch so. Ich glaube aber, daß viele Anfänger das in die Karte zeichnen, was ihnen notiert oder gesagt worden ist, und sich dann am Ende, wenn sie ihren Landfall machen möchten, im Stillen sagen: „Das ist also mein Gißort (oder ungewisses Gißfeld), aber ich möchte wetten, daß ich weiter östlich bin." Wenn du das meinen zu müssen glaubst, dann mußt du deinen Koppelkurs auch so hinmalen, daß der Gißort soviel weiter östlich ist, wie wetten zu können du glaubst, und er sollte dann in der Mitte des Gebiets der Ungewißheit liegen. Sollte dies Gebiet nach deiner Meinung etwa so aussehen wie in Zeichnung 3.8, dann muß der Gißort nebst der Koppelrechnung logisch so verschoben werden, daß das ungewisse Gebiet kreisförmig mit dem Gißort als Mittelpunkt wird.

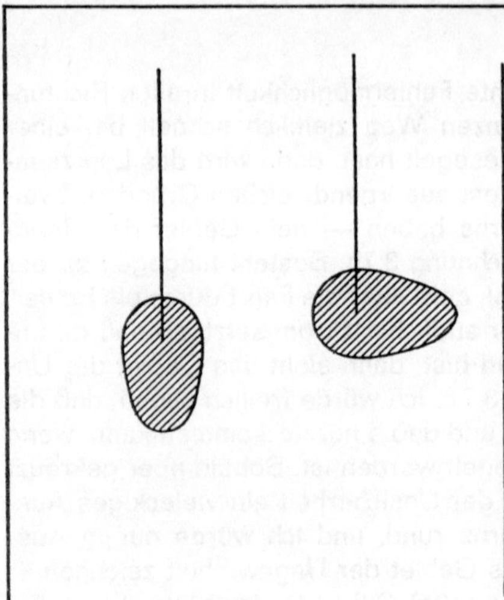

Zeichnung 3.8

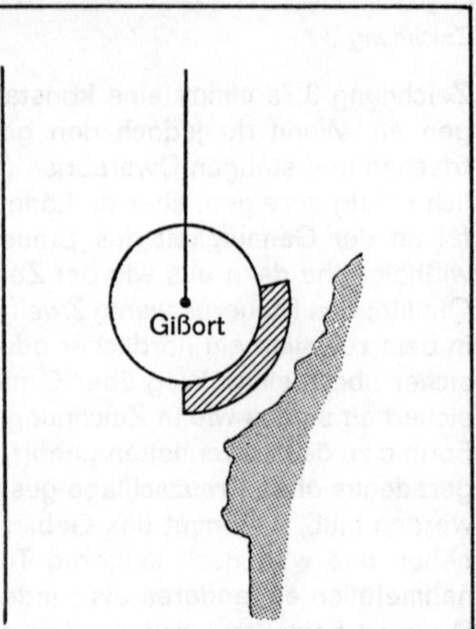

Zeichnung 3.9

Die Bedeutung liegt hier aber auf dem Wort *logisch*. Es kommt (gar nicht mal so selten) vor, daß ein Navigator ein überstarkes Gefühl hat, beispielsweise weiter nördlich zu stehen; einen konkreten Grund für dies Gefühl gibt es zwar nicht, und das Gefühl mag sehr wohl falsch sein. Sollte dich ein solches Gefühl befallen, dann versuche, dafür einen logischen Grund zu finden; gelingt dir das nicht, dann vergiß das Gefühl und verbanne es aus deinen Gedanken.

Ich glaube, solche Gefühle beschleichen einen, wenn man sich einer möglichen Gefahr nähert. Liegt zum Beispiel Land, dem man sich im Nebel nähert, im Süden, dann fürchtet man eben sehr stark, schon zu weit südlich zu stehen; ist das Land im Westen, dann hat man das ungute Gefühl, zu weit westlich zu sein. Das ist ganz verständlich, und man kann natürlich das Gebiet der Unsicherheit in Richtung der möglichen Gefahr etwas ausdehnen, wie in Zeichnung 3.9 dargestellt.

Man wird kaum einen Navigator sagen hören, „nun ja, ich dachte wir wären etwas weiter südlich," wenn er seinen Landfall zehn Meilen weiter südlich macht, als er sich gedacht hatte. Wenn er das gedacht hatte, dann hätte es in seinem Koppelbesteck niedergelegt sein müssen. Ich hacke auf diesem Thema so herum, weil nach meiner Meinung gerade in dieser Sache die meisten Fehler von Amateurnavigatoren gemacht werden.

Der Leser könnte sich nun beschweren, daß ich keine konkreten Abmessungen für meinen Ausgangskreis der Ungewißheit — den am Ende eines schnellen Törns in schönem Wetter ohne besondere Vorkommnisse mit gemischten Kreuz- und Raumwindkursen in Gewässern ohne starke Tidenströmungen — gegeben habe. Nun, mit allem Vorbehalt würde ich einen Radius von 5 % der gesegelten Distanz nach Koppelrechnung nehmen, und im Nebel würde ich das auf 8 % erhöhen, um sicher zu gehen. Wie gesagt, das gilt mit Vorbehalt, ist nur ein Schätzwert. Drum prüfe jedesmal bei einem Landfall, bei dem du ja deinen wahren Schiffsort erfährst, wieviel dieser von deinem Gißort (durch Koppeln) versetzt ist. Damit sammelst du Fakten, auf denen du deine späteren Annahmen besser aufbauen kannst.

Dabei ist es äußerst wichtig herauszufinden, warum deine rechnerische Position falsch war. Admiral Wyatt, Hydrograph der britischen Marine, der die Yacht *Bloodhound* der königlichen Familie navigierte, pflegte seine Navigation selbst dann nochmal nachzurechnen, wenn er nach einer Kanalüberquerung nur eine Seemeile versetzt ankam; er wollte wissen,

woher dieser Unterschied kam ... Ehrgeiz des Experten! Der Amateur wird wahrscheinlich sehr zufrieden sein, wenn er nicht mehr als eine Meile versetzt ankommt. Nach den Gründen von Versetzungen von mehr als einer Meile sollte der Amateur aber auch mit der Gründlichkeit eines Detektivs forschen. Gegenstand der Untersuchung ist dabei nicht nur die Koppelrechnung und ihre zeichnerische Eintragung in die Karte, sondern es kann auch eines der benutzten, nachstehend genannten Geräte sein oder eine Fehlpeilung, der man zuviel Vertrauen geschenkt hat, oder was noch. Wenn du herausfinden kannst, was zum Fehler führte, dann wird es dir leichter fallen, diese Fehlerquelle für die Zukunft zu beseitigen.
Fassen wir also zusammen: Ohne Koppeln geht's nie, und es muß kontinuierlich gekoppelt werden, weil dies das einzige System ist, das dich nie im Stich lassen kann. Es ist jedoch fehlerträchtig aufgrund folgender Fehlerquellen:

1. Gezeitenströme
2. Andere Strömungen
3. Ableseparallaxe am Kompaßsteuerstrich
4. Loggefehler
5. Steuermannsfehler
6. Abdrift
7. Ungenaue Angaben zur Koppelrechnung

Sorgfältiges Abwägen dieser Fehlermöglichkeiten wird dich zu einem denkbar genauen Koppel- oder Gißort führen. Aber lasse nie auch nur die geringste Möglichkeit aus, deinen Gißort auf seine Genauigkeit zu überprüfen.

Standlinien

Für den Zweck dieses Buches meine ich mit dem Ausdruck „Standlinie" jede Linie, die dem Navigator zur Bestimmung seines Schiffsortes dienlich sein kann — sei dies ein Peilstrahl, eine Abstandlinie oder auch nur eine Tiefenlinie. Solche Standlinien braucht man zur Kontrolle und eventuell Korrektur eines Koppelortes, und man sollte sie zu diesem Zweck bei jeder sich bietenden Gelegenheit auch benutzen.

John Illingworth schilderte in einer Zeitschrift einen Fall aus seiner Praxis, der zeigt, wie wichtig die Kontrolle der Koppelei ist:
„... Die erste Bahnmarke lag außer Sicht der Küste. Wir begannen gleich nach dem Start mit dem Peilen achteraus und bemerkten dabei, daß uns die Tide viel stärker versetzte, als der Tidenatlas meinte. Dadurch konnten wir uns schärfer an den Wind halten, und als die Bahnmarke dann in Sicht kam, lagen wir gerade hoch genug im Tidenstrom, um die Tonne anliegen zu können, obwohl der Wind abflaute. Die anderen 40 Boote schafften es nicht und mußten langweilig gegen die Tide aufkreuzen. So gewannen wir das Rennen eben, und wir ernteten eine Menge niedlicher Komplimente wegen unserer raffinierten Taktik. Es hatte aber nichts mit Raffinesse zu tun, sondern nur mit etwas kritischer Kontrolle unserer Koppelei."
Wie prüft man nun seinen Koppelort? Man macht dies mittels Standlinien, die man erhält durch:

1. Optische Kompaßpeilungen sichtbarer Objekte
2. Gestirnsbeobachtungen, astronomische Ortsbestimmung
3. Funkpeilungen von Funkfeuern RC
4. Echolotungen (oder mit dem Handlot)
5. Hyperbelfunkortung — einfachste: Consolfunkfeuer (weitere sind Decca, Loran und Omega, die alle teure Spezialgeräte verlangen)
6. Funkmeßverfahren, Radar

Schauen wir uns mal ein etwas phantasievolles Beispiel an, das zeigen soll, wie man mit Standlinien verschiedener Ursprünge sein Besteck machen kann. In Zeichnung 3.10 ist der Koppelort nach vier Methoden geprüft worden: eine Kompaßpeilung des Leuchtturms, die Funkpeilung eines Funkfeuers, eine Sonnenstandlinie und endlich auch noch eine Lotung von 6 m, die uns auf die 6-m-Linie plaziert. Bei solchem Besteck solltest du kaum noch Zweifel haben, daß dein Gißnicht der wahre Schiffsort ist, sondern P. (Consol eignet sich nicht für einen Landfall).
Du erkennst, daß jedes der unter 1. bis 3. genannten Verfahren nur eine Standlinie ergibt. Die Lotung ergibt nicht unbedingt eine Standlinie (Tiefenlinie), sondern kann auch eine größere Tiefenfläche anzeigen. In diesem Beispiel schneiden sich alle Linien in einem Punkt, so daß es keine Zweifel an der Zuverlässigkeit des Bestecks gibt; alle seine Bestandteile sind gleich gut.

Im Beispiel der Zeichnung 3.11 bilden aber die Funk- und die Kompaßpeilung zusammen mit der Sonnenstandlinie einen großen „Dreispitz", der weit vom Gißort liegt, und das alles über einem völlig platten Seegrund mit ringsum den gleichen Lotungen. Welchem Teil der Informationen soll man da nun glauben? Wie relativ zuverlässig ist jede einzelne Standlinie? Da gibt es keine feste Regel. Jeder neue Fall verlangt dein Urteil und fordert deine Erfahrung.
Betrachten wir eins nach dem anderen unter der Annahme, daß du keinerlei Informationen von außen erhalten hast, sondern nur deinen Gißort aus einer 24stündigen Koppelei in garstig stürmischem Wetter, daß du also ganz beträchtlich versegelt haben könntest.

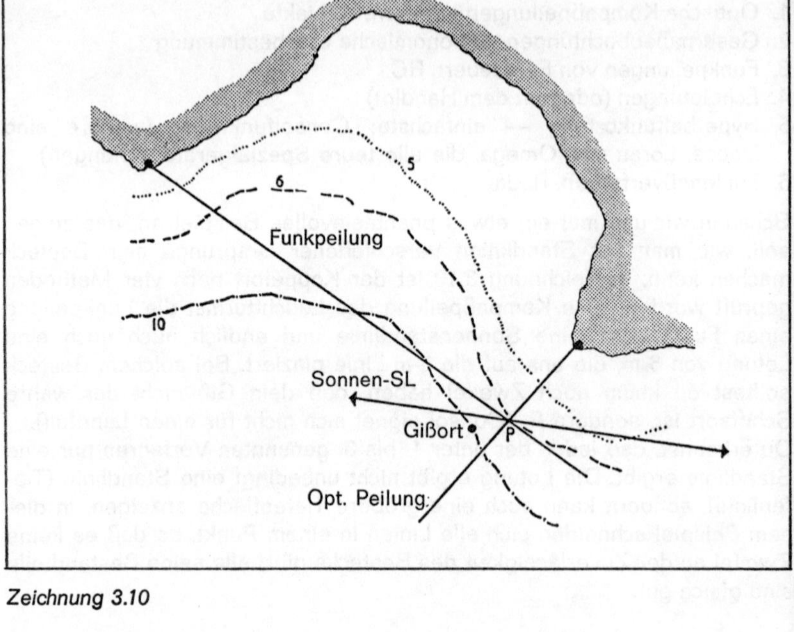

Zeichnung 3.10

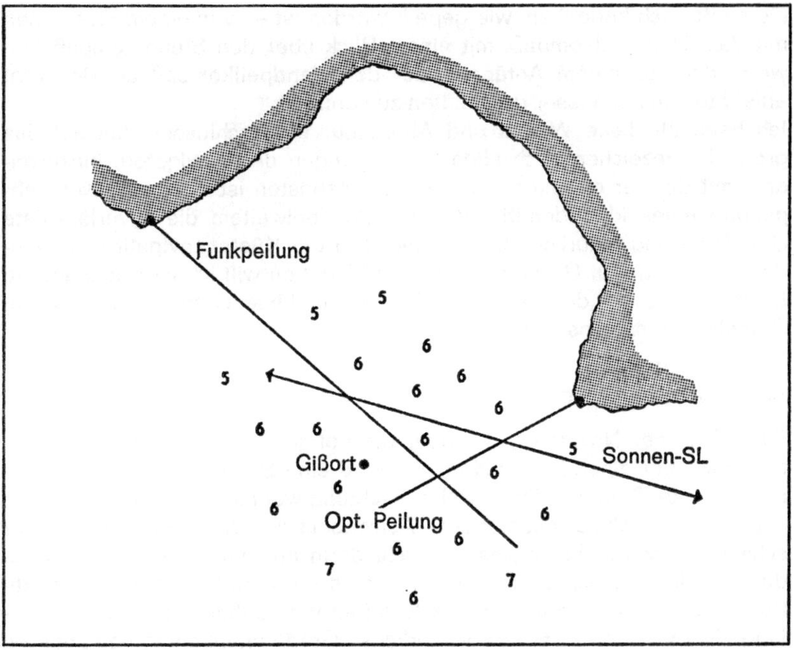

Zeichnung 3.11

Optische Peilungen

Sieh dich vor, daß du auch die richtige Landmarke anpeilst — Leuchtturm, Feuerschiff und was sonst. Vergleiche am Tage die Gebäude mit der Beschreibung im Seehandbuch, beziehungsweise Leuchtfeuerverzeichnis. Nachts prüfe die Kennung der Feuer mit der Stoppuhr und überzeuge dich, daß in der näheren Umgebung nicht noch andere Feuer brennen, die eine ähnliche Kennung haben. Mache keine Peilung von der Stelle an Land, „wo die Marke sein muß", wenn du dir nicht ganz sicher bist. Siehst du Land aus einem anderen Winkel als dem vor dir erwarteten, dann kann das außerordentlich irreführend sein.

Du mußt auch bedenken, wie gepeilt worden ist — von einem Erfahrenen mit dem Handpeilkompaß, mit einem Blick über den Steuerkompaß hinweg oder von einem Anfänger, der den Handpeilkompaß an ein Want anlehnte, um ihn besser ruhighalten zu können?
Ich habe all diese Wenns und Abers nur eingeschlossen, um auf das große Fragezeichen nach allen Überlegungen des Navigators hinzuweisen, mit dem er es immer zu tun hat. Ansonsten ist aber eine Kompaßpeilung eines klar identifizierten Objekts beiweitem die zuverlässigste Standlinie und natürlich auch die meist in der Küstennavigation verwendete, da sie deren Grundlage ist. Eine Variation will ich hier nennen: die Deckpeilung, bei der man zwei Marken in Linie sieht — eine exakte Standlinie ganz ohne Kompaß.

Astronomische Standlinie

Ein erfahrener Navigator, der über die nötige Ausrüstung an Bord verfügt und über einen klaren Horizont, wird eine Standlinie aus einer Sonnen-, Mond-, Planet- oder Sternbeobachtung wohl als die zweitgenaueste Art von Standlinie bezeichnen. Astronomische Navigation ist weder schwierig noch mühsam; man braucht darin nur ein wenig Übung. Falls du dich damit beschäftigen willst, wird sie dir zweifellos mehr exakte Positionslinien geben als jede andere Methode außer der optischen Peilung. Du bist dann zu einem beachtlichen Grade unabhängig von anderen Methoden.
Die modernen elektronischen Navigationshilfen, wie Radar, Decca, Loran und das supergenaue Omega-Verfahren, auf die hier in absichtlicher Beschränkung nicht eingegangen wird, machen die Kenntnis eines astronomischen Navigationsverfahrens für den vollwertigen Navigator keineswegs überflüssig, denn dieses ehrwürdig wissenschaftliche Verfahren ist weniger störanfällig als selbst die modernste Elektronik. Billiger ist es auch in Anschaffung und Betrieb.

Funkfeuer, Funkpeilung

Die Zuverlässigkeit einer Funkpeilung hat zwei Aspekte: die Fehlermöglichkeit in der Funkübertragung selbst und deine eigenen Fehler beim Peilen. Die Funksignalübertragungen werden fehlerhaft, wenn . . .

1. das Feuer außerhalb seiner Reichweite liegt,
2. der Funkstrahl zwischen Feuer und dir parallel oder spitzwinklig zum Lande verläuft,
3. das Feuer von dir aus gesehen jenseits von Bergen oder Hügeln liegt,
4. von dem Feuer kein absolutes „Null", kein Minimum zu bekommen ist.

Mit Übertragungsfehlern muß man immer während der Abend- und Morgendämmerung rechnen; es ist besser, während dieser Zeit keine Funkpeilung zu machen. Nachtpeilungen können ebenfalls unzuverlässig sein; sei ihnen gegenüber kritisch.

Die vom Schiff und seiner Besatzung herrührenden Funkpeilfehler sind zahlreich und mannigfaltig:

1. Endlose, elektrisch geschlossene Drahtschleifen, wie etwa die Reling oder die Lieken der Segel, verursachen ganz beträchtliche Funkfehlpeilungen, die man eliminieren kann, wenn man solche Schleifen an einer Stelle durch einen Isolator unterbricht.
2. Wenn das Boot krängt (nur Segel!) führt das auch zu einem Funkpeilfehler.
3. Wenn das Boot im Seegang stampft und/oder rollt, macht man nur zu leicht einen Fehler bei der Kompaßablesung, die man zur Wandlung der Funkseitenpeilung ja braucht.
4. Jede Funkpeilung in Voraus- und Querabrichtung ist genauer und zuverlässiger als jede über die vier Quadranten des Schiffs.
5. Peilungen von Funkfeuern mitten in See (Feuerschiffe, Inseln) sind doppeldeutig. Das Signal eines recht voraus gepeilten Feuerschiffs könnte auch von dem längst (im Nebel) passierten, recht achteraus liegenden Feuerschiff kommen. Bei Küstenfunkfeuern hat man da meist keine Zweifel, denn auf der falschen Seite säße man auf Land, was gewiß auffallen würde.

Die *relative* Zuverlässigkeit einer Funkpeilung hängt von der Entfernung des Funkfeuers zu seiner „katalogisierten" Reichweite ab. Wenn du 50 sm von einem Feuer entfernt bist, für das im „Nautischen Funkdienst" oder „Jachtfunkdienst" 100 sm Reichweite angegeben sind, oder 25 sm weit von einem mit 50 sm Reichweite, dann sind beide Peilungen gleich zuverlässig. Du mußt dir nur darüber klar sein, daß dein persönlicher Ablesefehler oder Minimumgehörfehler bei dem 100-Meilen-Feuer doppelt so groß herauskommt wie bei dem Feuer von nur 50 sm Reichweite.

Funkpeilen lernt man durch Übung an einem klaren und sonnigen Tag nach einem Funkfeuer, das man gut mit bloßem Auge sehen kann und auf verschiedenen Kursen mal links, mal rechts, mal spitzer, mal stumpfer, vorlicher und achterlicher optisch und funkisch peilt. Optisch ist richtig, funkisch weniger, und diese Differenz zu erkennen und zu notieren, ist wichtig. Mit erkannten Fehlern läßt sich gut richtig arbeiten. Je mehr man funkpeilt, wenn es nicht nötig ist, aber den Fehler zeigt, umso brauchbarer ist das Verfahren bei Nebel.

Echolote

Gute Geräte können sehr genau sein — und mittlerweile gibt es fast nur noch ausreichend gute Geräte, aber stellenweise ist der Grund der See langweilig konturlos, und eine Lotung von 20 Faden (37 m) mag dabei ja beruhigend für dich sein, weil von unten keine Gefahr droht, aber sie hilft dir bei der Bestimmung deines wahren Schiffsortes auch nicht viel. Wenn du dich zum Beispiel von Süden her St. Catherine's Point näherst, dann wird das Echolot (in Faden = 1,85 m) in den Abständen von 10 . . . 1 sm anzeigen: 18, 18, 19, 20, 18, 22, 15, 14, 25, 17, 8. Mit diesen Lotungen außer der letzten, kannst du nicht viel anfangen. Vor Küsten, die etwas regelmäßiger abfallen, kann der Echoloter aber eine wirkliche Hilfe sein. Auch bei der Annäherung an eine Küste im Nebel kann das Echolot eine wertvolle Sicherheitskontrolle sein — ausgenommen bei steilen Felsküsten, wie die von Portugal, die man von See kommend nicht „anloten" kann, weil sie zu plötzlich aus navigatorisch unlotbaren Tiefen aufsteigen.

Handlot

Das Handlot tut, umständlicher und viel langsamer, nur das, was ein Echolot laufend und wohl auch genauer tut, solange es angeschaltet ist. Das Handlot mit dem Blei nebst Talgspeise an der Leine ist aber immer noch von Wert für die Grundprobennahme und — als Alarmanlage bei schleifendem Anker, falls man die Leine an eine Blechpützt auf Deck knotet, die beim Umfallen Krach schlägt.

Consol-Funkfeuer

Consol ist ein Fernortungsverfahren, aber es wird davor gewarnt, Consolortungen für den Landfall zu verwenden. In gewissen Zonen, z. B.

immer in der Antennenlinie quer zum Hauptleitstrahl und während der Dämmerung und Nacht in einem Bereich von 200 . . . 400 sm sind Consolpeilungen unbrauchbar. Es kommt auch sehr auf die Qualität des Empfängers und seines Tonüberlagerers (BFO) an, von der es abhängt, ob man die Punkte und Striche des Tastzyklus in der Nähe des Gleichsignals (Strich) gut hören und zählen kann — einige gehen unter. Das Verfahren ist im Buch „Jachtfunkdienst" des DHI ausführlich genug beschrieben. Ich würde für meinen Teil jeder anderen Informationsquelle als Consol den Vorzug geben und auch zögern, mein Giß nach Koppelrechnung nach einem mit Consol ermittelten Ort zu berichtigen. Ich würde Consol nur gebrauchen, wenn ich sehr lange Zeit auf See und sehr in Zweifel über meine Position wäre.

Eine Anzahl Freunde, deren Meinung ich sehr achte, sagen allerdings, daß sie Consol mit Erfolg verwendet haben und es als sehr nützlich erachten. Vielleicht habe ich mich dumm dabei angestellt oder einfach Pech gehabt.

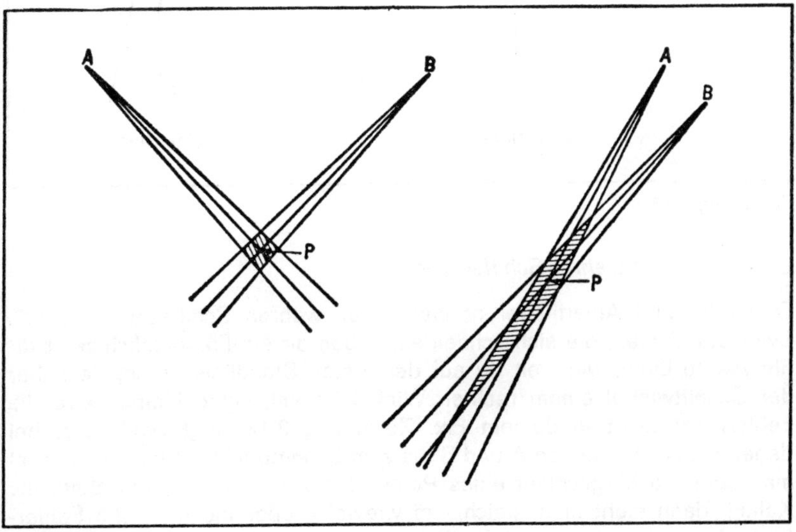

Zeichnung 3.12

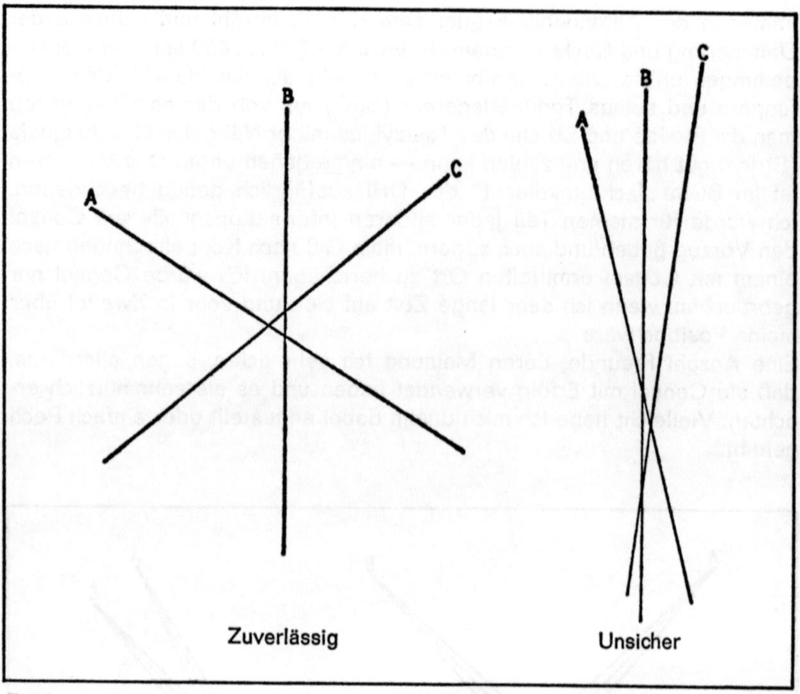

Zeichnung 3.13

Zuverlässigkeit wahrer Schiffsörter

Engländer und Amerikaner nennen einen wahren Schiffsort ein „Fix". Zwei Standlinien, die sich schneiden, geben dir ein Fix, nämlich zeigt dir die zweite Linie, wie weit du auf der ersten Standlinie stehst. Je näher der Schnittwinkel einem rechten Winkel kommt, umso kleiner wird die Fehlermöglichkeit in deinem Fix. Zeichnung 3.12 zeigt zwei Fixe, bei denen die Abstände von A und B bis zum Schnittpunkt gleich sind. Nimmt man aber die Möglichkeit eines Peilfehlers von 3° nach jeder Seite ins Kalkül, dann sieht man gleich, um wieviel größer die mögliche Fehlerfläche bei spitzen und stumpfen Schnittwinkeln ist.

Wann immer es möglich ist, prüfe ein Fix aus zwei Standlinien mit einer dritten Standlinie. Du wirst dabei immer einen Dreispitz wie in Zeichnung 3.11 bekommen und nie ein perfektes Fix wie in Zeichnung 3.10. Auch hierbei ist es wichtig, daß sich die Linien nicht zu spitz- oder stumpfwinklig schneiden. Das zeigt 3.13. Wenn der Dreispitz klein ist, kannst du deinen Schiffsort in dessen Mitte annehmen — es ist nicht zwingend logisch, aber was könnte man da besseres tun? Bekommst du es mit einem großen Dreieck zu tun, dann überlege dir folgendes:

1. Wie groß sind die Entfernungen zu den Peilobjekten? Ein Peilfehler von 1° bedeutet bei einem 60 sm entfernten Funkfeuer einen Ortsfehler von 1 sm; bei einem 6 sm entfernten optisch gepeilten Objekt aber nur 185 m. Also, je größer die Entfernung vom Peilobjekt, umso größer der mögliche Fehler.
2. Unter welchen Bedingungen wurden die Peilungen gemacht? In Zeichnung 3.14 ist die A-Linie eine Standlinie von einem gut gelungenen Sonnenschuß, der von der hochgehenden See nicht beeinflußt wurde. B ist eine Funkpeilung auf 25 sm, C eine Funkpeilung 50 sm, und beide machten einige Schwierigkeiten, weil das Schiff rollt und giert. Du wirst dich wohl eher bei X auf der A-Linie vermuten, der du vertrauen kannst, und näher bei B als bei C.

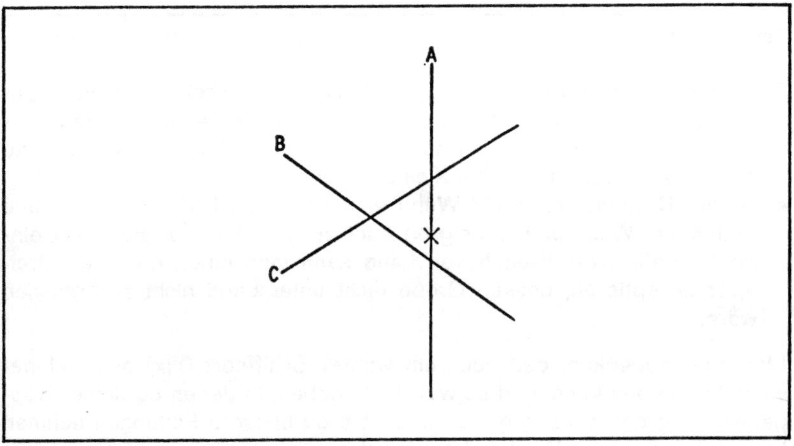

Zeichnung 3.14

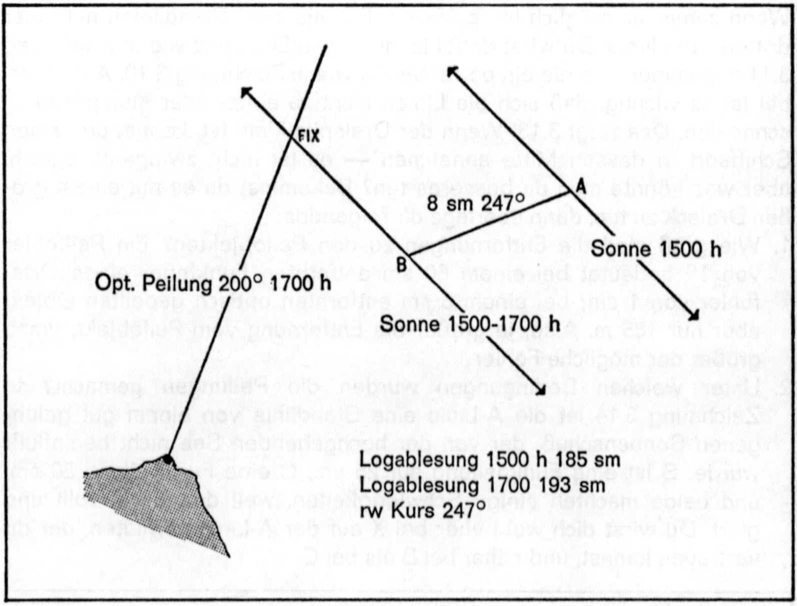

Zeichnung 3.15

3. Bleiben wir noch bei Zeichnung 3.14: Wenn alle drei Standlinien optische Peilungen wären, A von einem nahen, B von einem etwas fernerem und C von einer kaum noch sichtbaren Marke, dann würdest du deine Position wohl auch bei X einzeichnen.
4. Ist der Dreispitz zu groß? Wenn er sehr groß ist, dann mache neue Peilungen. Was dabei sehr groß oder zu groß ist, läßt sich nicht eindeutig definieren. Weitab von Land kann man einen größeren Dreispitz akzeptieren, dessen Größe dicht unter Land nicht zu brauchen wäre.

Man muß bedenken, daß auch ein wahrer Schiffsort (Fix) seine Ungewißheiten haben kann, und es wird Fälle geben, in denen du deiner Koppelrechnung den Vorzug geben wirst, bis du bessere Peilungen nehmen kannst, ehe du deine Position korrigierst.

Versegeln einer Standlinie

Bei den bisher betrachteten Schiffsorten wurden alle Peilungen nahezu gleichzeitig genommen. Was aber, wenn man eine zweite Peilung erst eine Stunde später nehmen kann, nachdem das Boot eine ziemliche Strecke gesegelt hat?
In Zeichnung 3.15 hast du um 1500 Uhr eine Sonnenbeobachtung mit dem Sextanten gemacht. Nach zwei Stunden segeln siehst du Land und peilst einen fernen Leuchtturm in 200°. Nach Koppelbesteck hast du in den zwei Stunden 8 sm mit Kurs 247 gesegelt. Zeichne einen Kurs AB = 247 von irgendeinem Punkt der Sonnenstandlinie und verschiebe dann die Standlinie parallel bis zum Punkt B, also um 8 sm in Kursrichtung. Der Punkt, in dem sich die versegelte (parallelverschobene) Standlinie mit der Peilung des Leuchtturms schneidet, ist dein Fix.
Natürlich hängt die Genauigkeit dieses Schiffsorts nicht nur von der Qualität der beiden Standlinien, sondern auch von der Güte deiner Koppelei im Verlauf der zwei Stunden ab. Ich habe eine Sonnenstandlinie eingeschlossen, um dem Leser zu zeigen, wie astronomische Hilfen in der terrestrischen Navigation verwendet werden können und verwendet werden. Astronavigation ist keine Sache für sich.
In Zeichnung 3.16 zeige ich ein anderes Beispiel für die Versegelung einer Standlinie. Um 1120, Log zeigt 63, peilt Leuchtturm A 083 (Turm B ist nicht sichtbar). Um 1230, Log 70, gesegelter Kurs 105, Turm B peilt 360 (A nicht mehr sichtbar). Versegelung der Peilstandlinie A um 7 sm mit Kurs 105 gibt dir ein Fix.

Abstand durch Höhenwinkel

Wenn du nahe genug an einem Leuchtturm bist, so daß du dessen Lampenhaus und die Strandlinie sehen kannst, und wenn die Sicht klar genug ist, dann kannst du mit dem Sextanten den Höhenwinkel zwischen Lampenhaus und Küstenlinie messen und aus dem Winkel deine Entfernung vom Leuchtturm (AB in Zeichnung 3.17) berechnen. Die Höhe des Feuers (Lampenhaus) über dem Wasser ist im Leuchtfeuerverzeichnis genannt. Es gibt Tafeln, aus denen man zu verschiedenen Höhenwinkeln und Objekthöhen die Entfernungen ablesen kann; sie stehen meist in allgemeinen nautischen Tabellenwerken oder Handbüchern. Man kann es aber auch ausrechnen: $a = 1{,}86 \times H/\sigma$

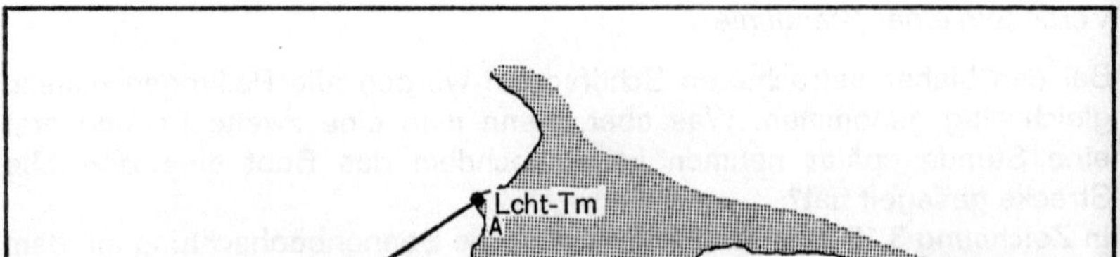

Zeichnung 3.16

wobei a der Abstand in Seemeilen, H die Höhe des Objekts über dem Wasser in Metern und σ der Sextantwinkel in Minuten (!) ist. Da man solche Formeln nicht behält, macht man sich am besten eine Navigationskladde zurecht, in der man sie mit Bleistift zum Nachschlagen niederschreibt. (Bleistift wird nicht unleserlich und läuft nicht aus, wenn das Papier mal naß wird). Solche Rechnungen macht man am besten mit einem Rechenschieber, dessen Handhabung man nach der beigelegten Gebrauchsanleitung sehr schnell erlernt.

Den Höhenwinkel kann man auch als Sicherheitswinkel benützen. Darf man beispielsweise dem Leuchtfeuer in Zeichnung 3.17, das 54 m über HW steht nicht näher als 2 sm kommen, weil vor dem Kap gefährliche Unterwasserriffe liegen, dann darf der Höhenwinkel nicht größer als 50′ werden. Du stellst diesen Winkel am Sextanten ein, und wenn du beim Anvisieren des Turms siehst, daß sich Lampenhaus und Wasserlinie zu nähern beginnen, kannst du weiter nach draußen halten lassen. Da die Höhe über Hochwasser im Lfv genannt ist, bringt Niedrigwasser eine zusätzliche Sicherheit. (Nicht die im Lfv genannte Höhe des Feuers über dem Erdboden nehmen!)

men. Das kann von großer Bedeutung werden, wenn nachts unter Spinnaker gesegelt worden ist. Das Koppeln stellt sich in diesem Falle jedoch

Synchronisierte Nebelsignale

Versuchsweise sind in England und Frankreich mit Funksignalen synchronisierte Nebelschallsignale eingerichtet worden — so bei Cherbourg — die bei Nebel arbeiten. Über Funk hört man eine Reihe von Punkten (dit dit dit...), die man zählt, bis man den Ton des Nebeltyphons hört. Der Abstand von dit zu dit entspricht 200 m Schall-Laufzeit. Das erste dit wird gleichzeitig mit dem Nebelsignal ausgesendet. Hört man das Typhon, nachdem man 8 dits gezählt hat, dann steht man also 1600 m von dem Nebelsignal ab — wenigstens ungefähr, denn sehr genau ist das Verfahren nicht.

Mann über Bord

Außer den geschilderten Hauptmethoden zur Prüfung des Loggeortes gibt es noch einen besonderen Fall des Koppelns und der Positionsfeststellung, für den man sich einige Gedanken im voraus machen muß: Ein Mann über Bord, der nicht gleich wieder aufgefischt wird, stellt für den Navigator eine Spezialaufgabe dar. Er — oder ein anderer für ihn, falls er auch der Skipper ist — muß sofort das Log ablesen, die Zeit notieren und den Kurs. Wenn er nicht unter Deck gehen kann, um dies niederzuschreiben, muß er es sich einprägen.

Mach ein genaues Koppelbesteck in möglichst großem Maßstab, damit das Boot auf dem gleichen Wege zurückgesegelt oder motort werden kann, nachdem es gewendet worden ist, um den Mann wieder aufzuneh-

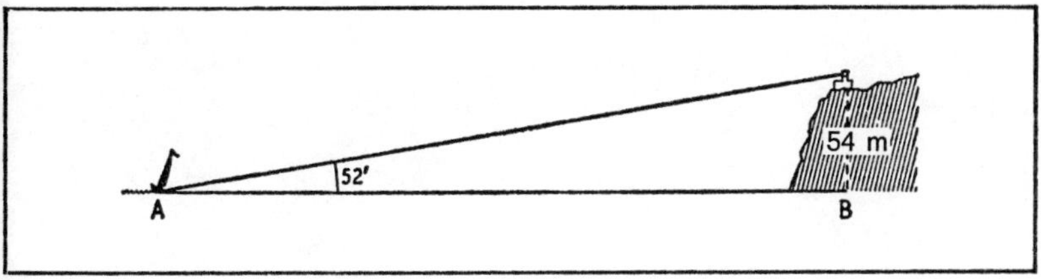

Zeichnung 3.17

einfach dar, weil man keine Stromversetzung zu berücksichtigen braucht, da Mann und Boot gleicherweise versetzt werden.

Bestimme *sobald wie möglich* den Schiffsort möglichst genau, um das Gebiet einer vielleicht nötigen Rettungssuche durch Flugzeuge oder Schiffe klein zu halten.

Mehr ist dazu hier nicht zu sagen, weil die jeweiligen Umstände dabei eine zu große Rolle spielen, aber jeder Navigator sollte sich über diese Dinge einige Gedanken machen, damit ihn ein solcher Fall vorbereitet trifft.

Ehe ich dieses Kapitel über Koppeln und Orten abschließe, möchte ich mit einem letzten Beispiel zeigen, wie wichtig es ist, ständig über seinen Schiffsort orientiert zu sein. Wir segelten von Neapel nach Ischia. Vor der Insel Procida, zwei Meilen von deren Hafen und fünf Meilen von Ischias Hafen entfernt, das Kap Miseno einige Meilen hinter uns, überfiel uns der Sturm, den wir während der letzten halben Stunde hatten aufziehen sehen. Die Tropea ist der typische Sommersturm in der Bucht von Neapel.

Er dauert eine halbe Stunde und steigert sich binnen einer Minute aus einer totalen Flaute auf Stärke 7, macht die ganze Bucht weiß und wird von so dichtem Regen begleitet, daß man den Bug seines Schiffs nicht mehr sehen kann. Wir machten mit nur einer kleinen Fock 6 . . . 7 kn. Da wir aber genau wußten, wo wir waren, bestand keine Gefahr. Wir setzten einen Kurs ab, der uns auf die offene See hinausführte, und segelten ihn still und fröhlich in Sicherheit, bis die Sicht wieder besser wurde und das Land wieder zum Vorschein kam.

Wären wir in jener Situation unsicher über unsere Position gewesen, dann hätten wir eine eklig ängstliche Zeit durchgemacht. Nur wenn man weiß, wo man ist, kann man voller Vertrauen sagen, was als nächstes zu tun ist.

Strategie

Mit diesem Kapitel verlassen wir die Frage „Wo bin ich?" und wenden uns der Strategie zu, der Antwort auf die Frage „Und was kommt als nächstes?"
Allzu verbreitet ist die Meinung, navigatorische Strategie werde nur bei Regatten gebraucht, aber auf Törn brauche man sich nicht darum zu kümmern. Da bin ich zutiefst anderer Auffassung. Strategie kann einem viele Stunden unnötiger Segelei einsparen; rechtzeitig zum Fünfuhrtee im Hafen statt draußen drei Überstunden in der kalten Nässe an der Kreuz und gegen die Tide. Strategie kann einen in den sicheren Hafen bringen, ehe der Sturm losgeht. Strategie kann einem Ärger und Zeit gleichermaßen ersparen. Was endlich ist überhaupt der Unterschied zwischen Rennen und Törn?
In der Regatta fährt man mehr Segel und nimmt kalkulierte Risiken auf sich, die man während eines Törns meiden würde. Auf Törn nimmt man bei leichtem Wetter den Motor zur Hilfe. Ansonsten aber will man doch möglichst bald in den Zielhafen kommen, egal ob Kreuzfahrt oder Rennen, vorausgesetzt, man ist nicht nur für einen Tag Segelei vor dem Hafen draußen.
Tatsächlich kann Strategie während eines Törns mehr Bedeutung haben als bei einer Regatta. Verbringt man im Rennen mehrere unnütze Stunden, dann verliert man es, hat aber auch eine volle, wahrscheinlich befahrene Mannschaft an Bord. Auf Törn mögen die Frau und zwei Kinder und ein Freund an Bord sein, der seekrank geworden ist und vom Segeln nichts versteht. Es ist klar, daß im zweiten Fall alles etwas schwieriger und ermüdender abläuft — und gefährlicher, falls man viel Wind auf den Hut bekommt.
Als Grundregel gilt, möglichst direkt auf sein Ziel zuzufahren, aber das geht natürlich nicht an der Kreuz, und manchmal ist es aus anderen Grün-

den auch nicht ratsam. Was wird denn deine Entschlüsse über den einzuschlagenden Kurs, den rechten Augenblick zu einer Halse oder Wende beeinflussen? Zwei Hauptgesichtspunkte sind Wetter und Tide.

Wind und Wetter

Ich habe nicht die Absicht, hier in die Wissenschaft der Meteorologen einzusteigen. Das ist ein recht verzwicktes Metier, mit dem man erst etwas Nützliches anfangen kann, nachdem man sich profundes Sachwissen erworben hat. Im britischen und deutschen Seegebiet ist das Wetter örtlich und wechselhaft. Die Voraussagen sind am zuverlässigsten, wenn sie Starkwind oder Sturm ansagen. Sind die Winde leicht, dann wirst du oft feststellen, daß du es entweder mit anderem als dem angekündigten Wind zu tun hast oder schon lange im angekündigten Wind segelst, ohne daß dir einer gesagt hat, wie und wohin er sich ändern wird.
Dem, der da wirklich etwas lernen will, schlage ich vor, erstmal ein gutes Buch über das Thema zu lesen und dann ein Jahr lang die Wetterkarten und -berichte zu studieren und mit dem Steigen und Fallen des Barometers und dem Himmel mit seinen Wolken zu vergleichen — jeden Tag. Es ist interessant, in Adlard Coles Buch „Schwerwettersegeln" von Alan Watts über die Meteorologie der Tiefdruckgebiete zu lesen: „Das Barometer ist auf See kein sehr zuverlässiger Führer, weil die Suche nach Schutz eine Entscheidung mehrere Stunden vor dem Sturm verlangt. Man muß dem Himmel seine Aufmerksamkeit schenken."
Du solltest auch eine synoptische Wetterkarte lesen lernen, wie auch, eine nach den Funkwetterberichten zu zeichnen. Das beste, was indes die meisten von uns in der Sache tun können, ist, den Wettervorhersagen zu lauschen und sich an das zu halten, was sie sagen. Wie kann man sie am besten nutzen, wenn sie richtig sind, und wie kann man sich dagegen schützen, daß sie möglicherweise falsch sind?

Kreuzen

Es geht darum, von einem Punkt zu einem anderen ohne Zeitverschwendung zu gelangen. Um das zu erreichen, muß man sofort jeden Vorteil,

den einem der Wind bietet, wahrnehmen und voll ausnutzen. Dann kann man warten, bis eine Änderung des Windes einem einen neuen Schub bringt.
Betrachten wir zuerst das Kreuzen zu einem Ziel direkt in Windrichtung. Wäre der Wind stetig, und du könntest sagen, daß er so auch bleibt, dann kämst du perfekt mit nur zwei Schlägen aus, mit ABP in Zeichnung 4.1. In Nordeuropa bläst der Wind aber nur selten für längere Zeit exakt aus demselben Loch. Wir möchten tatsächlich eher alle behaupten, daß, wo wir auch hinsegeln, der Wind sogleich nach spitz von vorn dreht. Wenn du bei B gewendet hast, und der Wind krimpt (rückdreht), dann kommt er dir wieder von vorn, und P liegt neuerlich im Wind. Wenn andererseits der Wind in der Nähe von B ausschießt (rechtsdreht), dann kommt er dir raumer, dann hast du P überlaufen, bist höher gesegelt als nötig. Wenn P genau im Wind liegt, dann kann jede Windänderung dir einen Vorteil bieten. Ändert sich seine Richtung so oder so, ausreichend, dann kann er dich sogar „befreien“ (Zeichnung 4.2).
Nun kannst du zwar nicht alle zehn Minuten über Stag gehen, nur um in Hoffnung auf eine Winddrehung P genau in Luv zu halten. Demnach ist das beste, was du tun kannst, das Kreuzen in einem Sektor in Lee von P. Der empfohlene Winkel dieses Sektors ist 10°, und Zeichnung 4.3 zeigt einen solchen Sektor. Er ist weit genug, um darin vernünftig lange

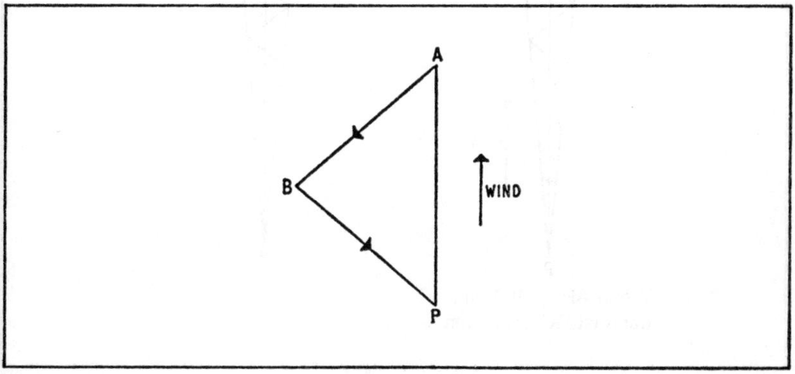

Zeichnung 4.1

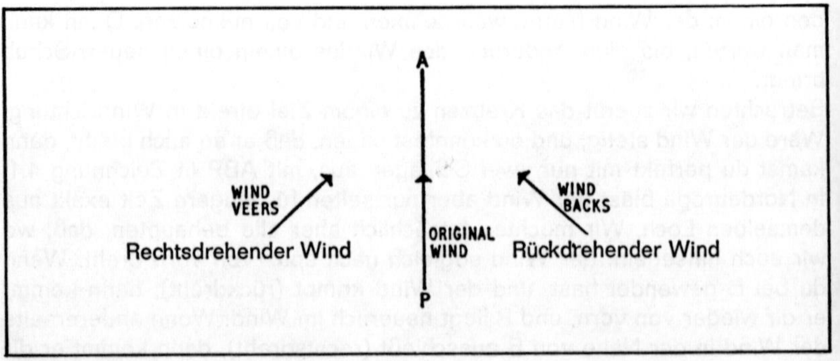

Zeichnung 4.2

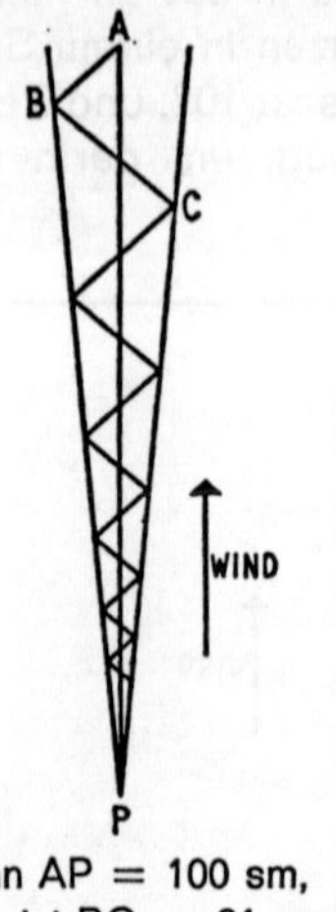

Zeichnung 4.3

Zeichnung 4.4

Schläge segeln zu können, läßt dir aber auch die Freiheit, das beste aus einer Winddrehung zu machen. Aber selbstverständlich mögen die Annäherung an P, zunehmender Gezeitenstrom in Küstennähe oder eine andere Überlegung es nötig machen, den Sektor zu verlassen. Wenn du deine Karte so markiert hast wie in Zeichnung 2.4, dann ist der Sektor dafür gebrauchsfertig, und du brauchst dein Koppelbesteck nur in ihm zu halten.

Wenn bei deinem Ablauf von A der Wind nicht genau von vorn kommt, dann mußt du deinen Vorteil wahrnehmen und auf dem besseren Bug segeln, der dich in den Leesektor von P bringt, und dann weitermachen wie vorher (Zeichnung 4.4). Der bessere Bug ist der, auf dem du näher an P heransegelst. Wenn deine Wenden durch 100° Kurswechsel gehen und du auf Bb-Bug 30° an P heran anliegen kannst, auf Stb-Bug aber nur 70°, dann ist Bb der bessere Bug.

Zeichnung 4.5 zeigt eine etwas umständlichere Version mit mehreren Winddrehungen. Als du nach Koppelbesteck bei A angekommen bist, dreht der Wind höher, so daß du P nicht mehr anliegen kannst. Dein Kreuzkurs nach P ist, wie in der Zeichnung gezeigt: zuerst aus dem alten in den neuen Leesektor im gleichen Augenblick, in dem der Wind dreht. Es ist das die beste Methode, nach P zu kreuzen, wenn man keine Ahnung hat, ob der Wind nun krimpen oder ausschießen wird oder mit beidem zu rechnen ist.

Bis jetzt haben wir angenommen, daß die Chancen für recht- oder rückdrehenden Wind gleich verteilt sind. In Zeichnung 4.6a liegen zwei Boote bei A und B in gleicher Distanz von P bekalmt. Wenn nun der Wind aus 205° kommt, welches Boot ist dann in der günstigeren Position? A kann P mit einer Wende bei D erreichen, wogegen B es mit einer Wende bei C erreichen kann. In diesem Falle segelt A 10 sm, um P zu erreichen, und B muß 11,7 sm zum gleichen Ziel segeln. Kommt der Wind aber aus 223° (Zeichnung 4.6b), dann kann A das Ziel gerade anliegen und segelt 10 sm, wogegen B 13,5 sm segeln muß. Am Start waren A und B in beiden Fällen 3,5 sm auseinander. Selbstverständlich würde ein noch westlicherer Wind beiden Booten freieres Segeln erlauben, wobei A nur den kleinen Vorteil hätte, den Wind etwas mehr dwars zu haben und damit schneller zu segeln.

Die beiden Beispiele zeigen, daß das Boot im Vorteil ist, daß mehr in der Richtung liegt, aus der der Wind zu erwarten ist, in die er drehen wird.

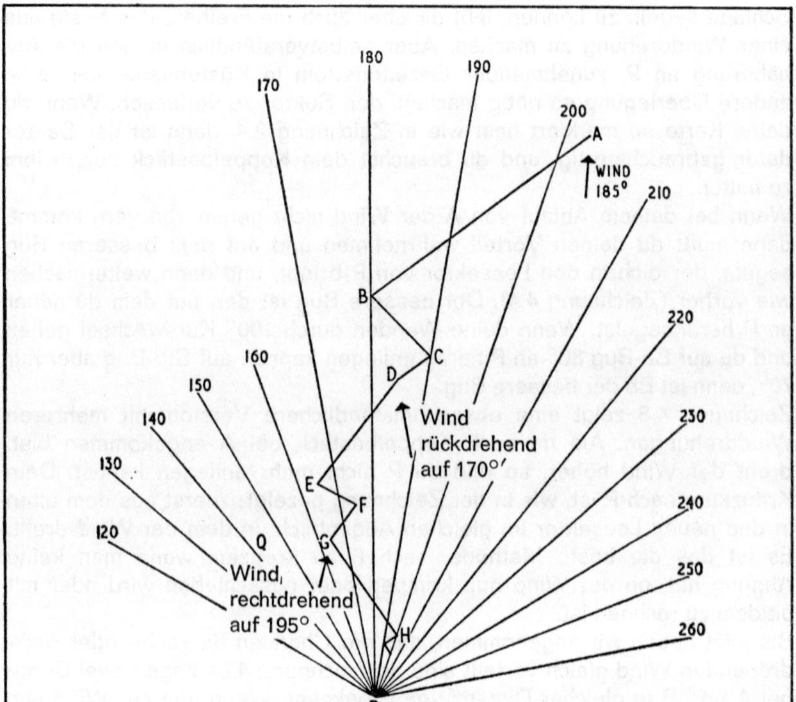

Zeichnung 4.5

Sehen wir uns daraufhin nochmal Zeichnung 4.5 an. Hättest du nach dem Krimpen (Rückdrehen) des Windes Grund zu der Annahme gehabt, daß er wieder ausschießt, dann hättest du nicht die Kreuzschläge EFG segeln dürfen, sondern du hättest bis Q auf Stb-Bug weitersegeln müssen, nämlich *dem zu erwartenden Wind entgegen*. Nach der Rechtdrehung des Windes hättest du von Q aus P anliegen können.

Was kannst du machen, um in Erwartung eines ausschießenden Windes in der Position A und nicht in B der Zeichnung 4.6 zu sein? Du solltest in dem 10°-Sektor *gleich neben* dem Leesektor und *zum* erwartenden Wind *hin* kreuzen — das ist der Sektor AB in Zeichnung 4.7. Dreht der Wind dann recht, dann kannst du entweder in den neuen Leesektor hinüberwechseln (CD) oder im Sektor (BC) kreuzen, falls du mit noch weiterem Ausschießen des Windes rechnest. Gehe aber mit deiner Erwartung oder Vermutung einer Winddrehung nicht zu weit von deinem derzeitigen Weg zum Ziel ab, denn der Wind mag mit seiner Änderung auf sich warten lassen, bis du P passiert hast; er mag so weit drehen, daß er dich freisetzt, selbst wenn du gar nichts dafür unternommen hast; oder er krimpt, wenn du einen Ausschießer erwartest hast, beziehungsweise umgekehrt.

Gelegentlich kann ein gut wetterkundiger Navigator schon mal ein Spielchen wagen und gewinnen. So wurde die Santander-Regatta 1948 von der Yacht „Eilun“ gewonnen. Ihr Skipper hatte eine Nachricht über ein zweites, nachfolgendes Tief erhalten, die den anderen Teilnehmern entweder entgangen oder von ihnen nicht in ihrer Bedeutung begriffen worden war. Ich erinnere mich nicht mehr an jede Einzelheit, aber wir lagen wohl alle bei südlichen Winden auf Stb-Bug die Insel Quessant am Nordende der Biscaya an, während „Eilun“ mit halbem Wind schnell unter der Südküste Englands zum Kanalausgang segelte. Das Tiefdruckgebiet kam an

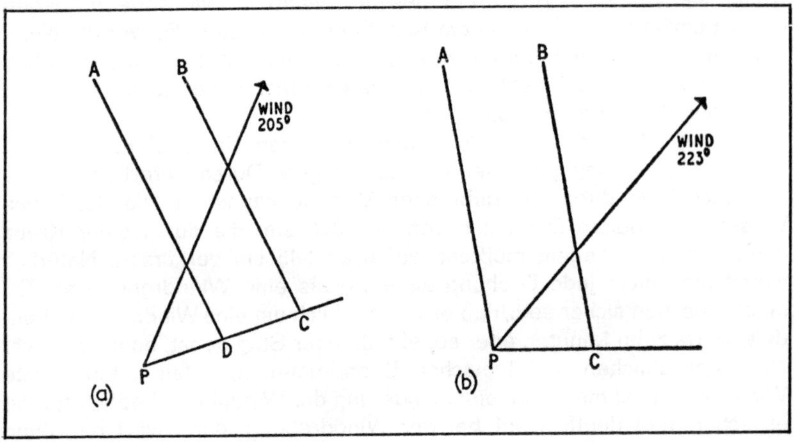

Zeichnung 4.6

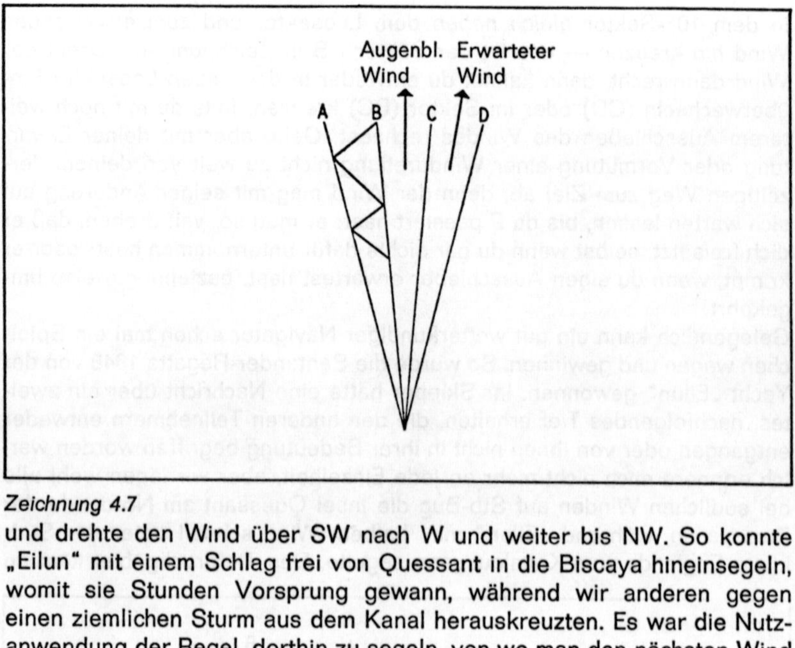

Zeichnung 4.7

und drehte den Wind über SW nach W und weiter bis NW. So konnte „Eilun" mit einem Schlag frei von Quessant in die Biscaya hineinsegeln, womit sie Stunden Vorsprung gewann, während wir anderen gegen einen ziemlichen Sturm aus dem Kanal herauskreuzten. Es war die Nutzanwendung der Regel, dorthin zu segeln, von wo man den nächsten Wind erwartet. Aber vergiß nicht, daß auf das eine Mal, wo es funktioniert, gut ein Dutzend Versager möglich sind.

Zeichnung 4.8 zeigt einen 200-Meilen-Törn den Kanal „hinunter" von Dover nach Torbay mit zwei Winddrehungen. Durch sofortiges volles Ausnützen der durch sie gebotenen Vorteile kannst du die durch das Wasser gesegelten Distanzen von den 300 sm, die du in einer Kreuz genau gegenan segeln müßtest, auf etwa 245 sm verkürzen. Natürlich nimmt man nicht jede Drehung einer Bö als eine Winddrehung an. Du mußt dir schon sicher sein, daß es sich wirklich um eine Winddrehung handelt; warte zehn Minuten oder so, ehe du über Stag gehst, damit du, nicht einer der üblichen und typischen Böendrehungen aufsitzt. Eine echte Winddrehung ist meist von einer Änderung der Windstärke begleitet; brist es scharf und deutlich auf bei der Winddrehung, dann wird der Wind wahrscheinlich nicht mehr in die alte Richtung zurückfallen.

An der Kreuz in sehr leichtem Wind

Versuche als Navigator in leichtem Wetter nicht, den Steuermann mit Kurshalten oder Anliegen einer Marke zu triezen. In solchem Wetter ist es Sache des Steuermanns, den Kurs so zu wählen, daß die Yacht läuft. Das wirft deine Navigation so furchtbar auch nicht über den Haufen, weil die gesegelten Distanzen allemal nur klein sind, und es ist immer noch besser, in vier Stunden Flaute dem Ziel eine Seemeile näher gekommen zu sein, als vier Stunden auf der Stelle sauber Kurs gehalten zu haben.

Vor dem Wind

Platt vor den Laken zu segeln ist eine langsame und ungemütliche Segelei für jedes Boot. Führt dein Kurs genau den Wind hinunter, dann ist das

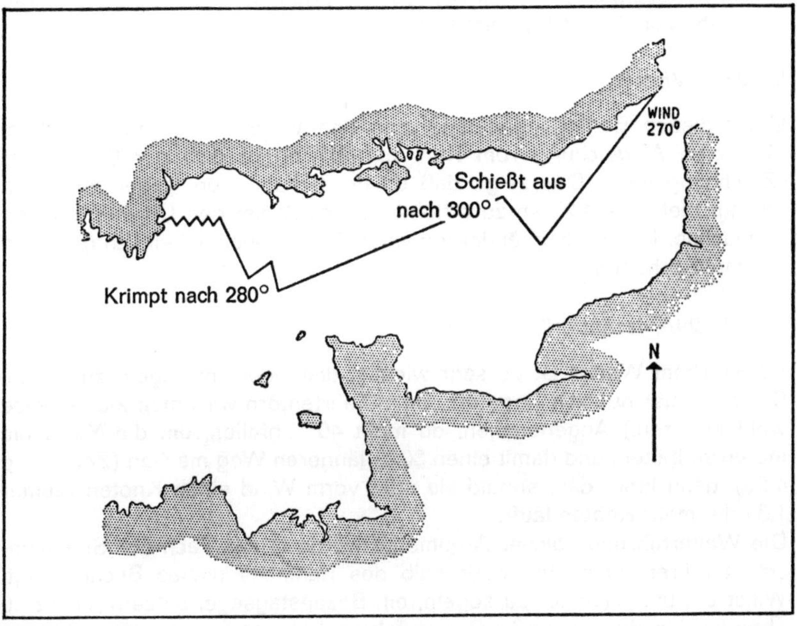

Zeichnung 4.8

eine der Gelegenheiten, in der sich eine Halse oder zwei lohnen könnten um nicht platt vorm Wind, sondern etwas höher und damit etwas schneller zu segeln. Wieviel des Guten da angebracht ist, ist von Boot zu Boot verschieden und hängt auch davon ab, welche Segel man gerade fährt. Aber im Prinzip gilt folgendes:

Frischer bis steifer Wind

Es genügt eine nur kleine Kursänderung, um den Wind genug backstags zu bringen, damit das Boot seine beste Fahrt macht. Liegt man eine entfernte Marke an, dann sollte ein Fehlkurs von 5° nicht ausreichen, dir Sorgen zu machen. Du kannst so gut wie sicher sein, daß es eine Winddrehung gibt, noch ehe dein Ziel erreicht wird. Sie mag quarterlich von der einen oder anderen Seite einkommen, du kannst damit geradenwegs auf dein Ziel zufahren — gelingt das nicht, dann halse, sobald die Marke 10 . . . 15° von dir aus leewärts liegt.

Leichter Wind

Unter diesen Bedingungen muß man den Wind etwas raumer halten, aber eine Abweichung vom Kurs um 20° bringt dich nur 6 % weiter (Zeichnung 4.9a). Das zeigt, daß du deine Fahrt von, sagen wir, 4 kn nur auf mehr als 4,25 kn zu erhöhen brauchst, um den Umweg lohnend zu machen. Mit der Kursänderung wirst du aber wahrscheinlich die Fahrt viel mehr erhöhen.

Sehr leichte, veränderliche Winde

Bei solchem Wetter ist es sehr wichtig, das Boot am segeln zu halten. (Ich rede hier nur von Regatten. Beim Fahrtentörn wird man klugerweise wohl motoren.) Angenommen, du mußt 40° abfallen, um die Yacht am laufen zu halten, und damit einen 30 % längeren Weg machen (Zeichnung 4.9b), dann lohnt das, sobald sie statt vorm Wind einen Knoten raumer 1,3 oder mehr Knoten läuft.

Die Weiterführung solcher Argumente würde in das Fach der Seemannschaft führen, was aber außerhalb des Rahmens dieses Buches liegt. Willst du, um schneller zu segeln, ein Besanstagsegel setzen? Willst du abfallen, bis du die große Genua fahren kannst? Solltest du riskieren,

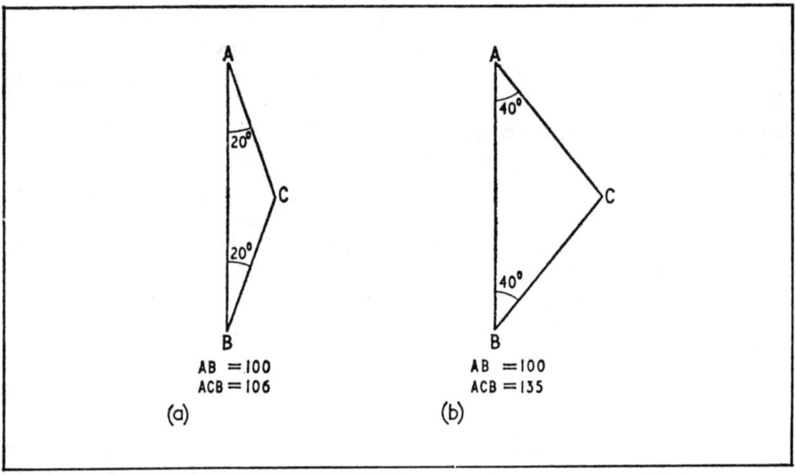

Zeichnung 4.9

nach Lee zu laufen, um den Spinnaker voll auszunützen? Das sind Rennprobleme, mit denen der Skipper zu seinem Navigator kommt, dessen Aufgabe es dann ist, dafür zu sorgen, daß der Umweg auch durch den Gewinn an Fahrt mehr als wettgemacht wird. Wenn ein Navigator sich aus der längeren Route keinen Gewinn ausrechnen kann, dann sollte er auf dem kürzeren Weg beharren. Denke immer daran, daß bei nachlassendem Wind jene zwei Extra-Meilen eine Segelzeit von einer Stunde mehr bedeuten können.

Gezeiten

Ich bin an der Ostküste Englands aufgewachsen, wo die Winde weniger Bedeutung hatten als die Gezeiten (was zu einem etwas geringeren Grade auch für den Solent gilt, glaube ich). Eine Passage über die Themsemündung bedeutete eine lange, trickreiche Segelei durch schmale Fahrwasser, wie Wallet Spitway, Barrow Deep, Black Deep, Edinburgh Channel und die Downs, bis wir schließlich beim South Foreland in offenes Wasser kamen. Die Navigation beschränkte sich auf die Identifizierung und das Abhaken der Tonnen, auf die Sorgfalt, die Fahrwassereingänge nicht zu überlaufen und auf den verzweifelten Versuch, jeden Viertelknoten der Tide zu seinen Gunsten auszunutzen, weil man in den engen Zwangskursen der Fahrwasser keine Wahl hatte, was man mit dem Wind tun könnte.

Diese Erfahrung hielt mich, so glaube ich, lange Zeit von der Erkenntnis ab, das im offenen Wasser der Wind viel wichtiger ist als die Tide. Wenn du den Kurs änderst, um dicht unter der Küste bei einer Huk für zwei Stunden die Hilfe von 2 kn Schiebestrom zu bekommen, dann kann dir eine Winddrehung dafür einen sehr hohen Preis abverlangen. Wenn du einen Umweg von 5 sm segelst, dann mußt du auch ganz sicher sein, daß die Tide dir in dieser Zeit einen Schubs von 6 sm mindestens liefert. Nichts ist mißlicher, als wenn der Wind gerade in dem Moment einschläft, in dem du (endlich!) deine spezialkräftige Tide erwischst, und dich da knapp eine Stunde sitzenläßt, bis der Strom kentert und du ihn gegen dich hast.

Man kann so sagen: Bei kurzen Reisen oder in engen Fahrwassern sind die Gezeitenströme wirklich sehr bedeutsam. Auf langen Reisen und Passagen sollte man sie nützen, wenn das praktisch ist, ihnen aber aus der planerischen Sicht kein großes Gewicht zumessen. Das heißt jedoch nicht im geringsten, daß du beim Koppeln und Kursabsetzen die Tide ignorieren könntest; du mußt sie im Gegenteil mit größter Sorgfalt bei deinem Koppelbesteck berücksichtigen. Somit solltest du, wenn der Wind zwei gleich gute Alternativen gestattet, die ergreifen, bei der die Tide günstiger ist, aber gehe nicht aus deinem Kurs, um irgendwelchen Tidenströmen nachzujagen. Wenn der Wind genau aus deinem Ziel kommt, und die Tide setzt dwars dazu, dann lohnt es sich, so zu segeln, daß der Strom unter den Leebug kommt, nicht aber der Kreuzschlag, der ihn unter die Wetterseite bringt. Die Tide unterm Leebug hilft dir, näher deinem Ziel zu bleiben wie auch näher der Richtung, aus der der Wind kommt, was bei einer Winddrehung für dich günstiger ist, doch auch nicht immer.

Es handelt sich dabei freilich um eine seltene Situation, denn wenn dein Ziel weit entfernt ist, und wenn eine gute Brise weht, dann lohnt es nicht unbedingt, den schlechteren Schlag zu segeln, nur um den Strom unter den Leebug zu bekommen. In Zeichnung 4.10 liegt das Ziel längs der Linie AP genau in Ost, der Wind weht aus 100°, und eine Strömung setzt mit 2 kn nach Nord. Zwei Boote segeln die verschiedenen Schläge AB und AC für drei Stunden, und die Tide versetzt sie nach B_1 beziehungs-

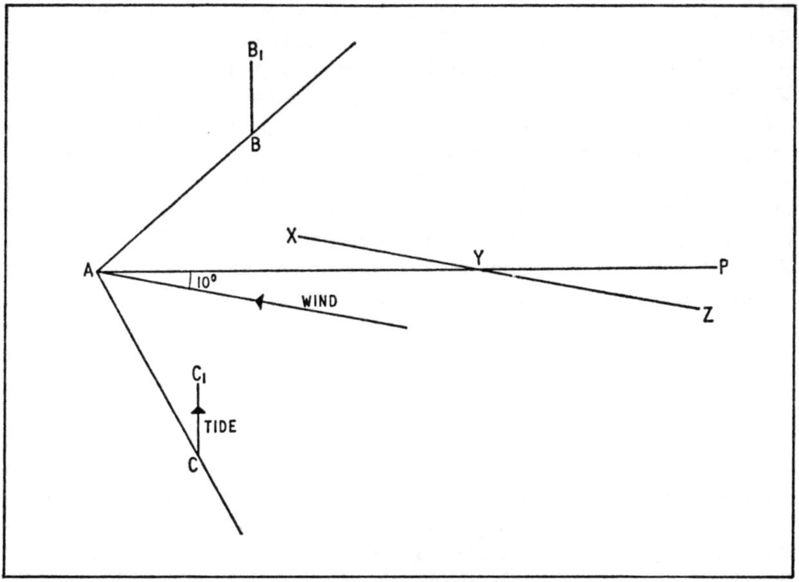

Zeichnung 4.10 Fahrt 6 kn, Tide 2 kn 360°, Segelzeit 3 h

weise C_1. Alle Punkte auf der Geraden XYZ sind gleich weit von B_1 und C_1 entfernt. Man kann sehen, daß die Gerade XYZ die Gerade AP in Y, 35 sm von A entfernt, schneidet. Liegt das Ziel (oder die Bahnmarke) näher an A als Y, dann ist die Position C_1 nach drei Stunden dem Ziel näher; liegt das Ziel aber weiter von A als Y, also weiter als 35 sm, dann ist Position B_1 dem Ziel näher.

Nun ist in diesem Beispiel windmäßig AB der bessere Kreuzschlag. Sollte der Wind weitere 10° rechtdrehen und damit AB zum um 20° besseren Schlag machen, dann müßten der Wind schon sehr schwach, die Tide sehr stark und das Ziel sehr nahe sein, damit es sich lohnt, den windmäßig nachteiligeren Schlag zu nehmen.

Mir ist bewußt, daß dies ein theoretisches Argument ist, mit dem man sich gewöhnlich nur während einer Regatta befaßt, aber mir geht es darum, zu zeigen, daß es nur zu einfach ist, der Bedeutung der Tide über lange Distanzen zuviel Bedeutung beizumessen. Man muß jeden Fall für sich

auf seine Meriten hin untersuchen und in seine Betrachtung einbeziehen: Stärke und Richtung der Tide, Zeit des Stillwassers oder der Stromkenterung, Entfernung bis zum Verlassen des Gebiets starker Strömung, Windrichtung, welcher Schlag an der Kreuz ist der bessere (und um wieviel besser ist er), Entfernung bis zum Ziel (Bahnmarke) und die wahrscheinlich zu erwartende Winddrehung.
Vom reinen Renngesichtspunkt sind die die Strategie beeinflussenden Hauptfaktoren (Winddrehungen, Gezeiten, Abfallen vom Kurs zur Erhöhung der Fahrt) schon kompliziert, wenn man jeden für sich betrachtet. Auf See wirst du dich aber oft mit allen gleichzeitig herumzuschlagen haben und das womöglich noch in einer großen Zone der Ungewißheit. Die Möglichkeiten werden dann so zahlreich, daß der Navigator einen klaren und kühlen Kopf behalten muß und sich nicht zu einem Glücksspiel mit einem der Faktoren unter Mißachtung der übrigen verleiten lassen darf.
Wage nicht das Risiko, daß sich die Lage ändert, ehe du deinen Plan hast ausführen können. Wenn in Zeichnung 4.11 die Distanz BC nur 2 sm ist, magst du zur Küste steuern, um die 3,5 kn Strom auszunützen. Wenn BC aber 10 sm ist, dann ist AC = 30 sm oder wahrscheinlich eine sechsstündige Segelei, und in diesem Falle mußt du deine Entscheidung zur Kursänderung so weit vorausdenkend treffen, daß du schon 100prozentig sicher sein mußt, daß der Wind nicht flau wird, ehe du die Huk erreicht hast, sonst kannst du dir schon bei der Entschlußfassung ausmalen, wie es ist, in jener Gegend vor Anker eine Kontratide „totzusegeln" — so der Anker hält.
Für kurze Distanzen sind Tidenströme dagegen von größter Bedeutung. Nehmen wir (mit Zeichnung 4.12) den einfachsten aller Fälle: AP = 5 sm, Kurs 180; Brise 5 kn; Strom 1 kn setzt 270. Du malst den Stromsektor PC in die Karte und steuerst rw 167 nach C, so daß der Strom dich nach P versetzt. Natürlich mußt du prüfen, ob der Strom auch tut, was über ihn gesagt und gedruckt worden ist, wenn du ohne Zeitverschwendung in P ankommen willst.
John Illingworth betonte in seiner in „Offshore" veröffentlichten Story eindringlich die Wichtigkeit von Achterauspeilungen zum Zweck solcher Prüfungen. Wenn du rw 180 von einer Marke wegsegelst, dann sollte die Marke 000 peilen, wenn da weder Strom noch Tide sind. Solche Rückpeilungen werden dir sehr bald zeigen, ob du versetzt wirst.

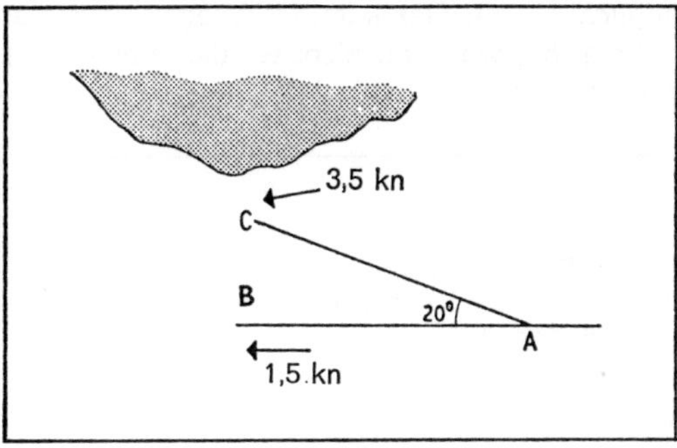

Zeichnung 4.11

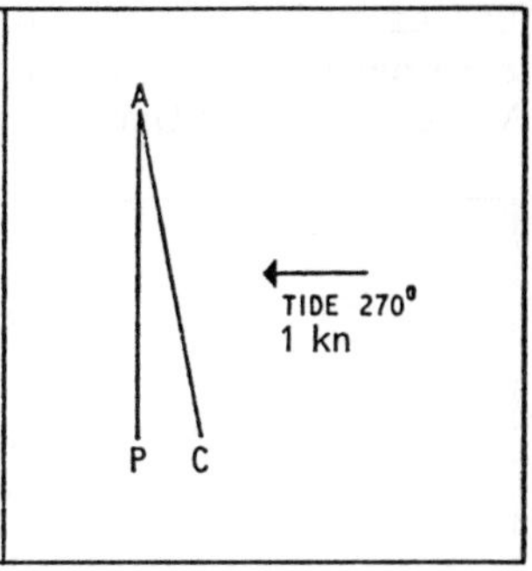

Zeichnung 4.12

Sobald du P klar sehen kannst, kannst du davon Vorauspeilungen nehmen, und wenn du ihm nahe genug gekommen bist, kannst du mit einer sehr einfachen Methode weiterprüfen. Nimm irgendein Objekt nahe P — einen Turm, Schornstein, Wohnsilo usw. —, das sich gegen das Hinterland nicht bewegt. Bewegt es sich scheinbar doch, dann steuerst du nicht gerade darauf zu. Sollte während der Passage der Wind abflauen, womit sich die Fahrt des Bootes mäßigt, dann mußt du sofort einen neuen Steuerkurs ausarbeiten.

Zeichnung 4.13 zeigt einen etwas umständlicheren Fall. Die direkte Distanz AP ist 30 sm. Du läufst mit einer Brise für 6 kn ab; geschätzte Ankunftzeit = Ablaufzeit + 5 h. Als du bei Q ankommst, flaut der Wind ab, und dein Schiff macht nur noch 4 kn, und deine Zeitschätzung für den Rest des Törns wird 3 h statt 2 h. Die Koppelskizze (4.13) ist für jede Stunde nebst der Stromkorrektur gezeichnet.

Es gibt noch andere Überlegungen, die dich veranlassen könnten, den direkten Kurs oder den besten Kreuzschlag zu verlassen, aber sie hängen so sehr von den jeweiligen Umständen ab, daß man sie nicht in allen Einzelheiten diskutieren kann. Wenn man starken Wind und hohe See gegenan hat, mag es sich oft lohnen, in eine Bucht hineinzukreuzen, in der man Landschutz und ruhigeres Wasser findet. Andererseits haben Klippen und Steilküsten dicht unter Land gewöhnlich Flautenlöcher, und dein Kurs sollte so abgesetzt sein, diese zu meiden.

Laß es mich nochmal eindringlich sagen: Der kürzeste Weg ist zumeist auch der schnellste, drum nehme ihn, wenn du nicht wirklich gewichtige Vorteile für einen Umweg finden kannst.

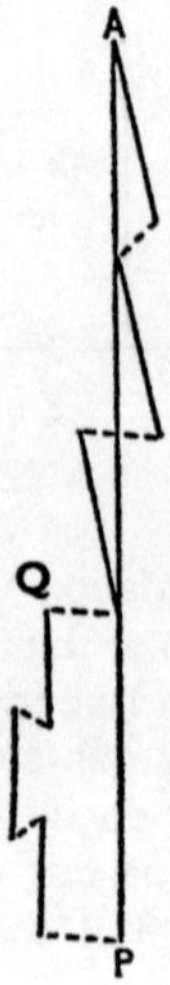

A-P 30 sm 180°
geschätzte Fahrt 6 kn
rw Kurs 167°
Bei Q: Wind flaut ab
neuer rw Kurs 177

Std	Tide	kn
1	220°	1,7
2	270°	2,8
3	270°	2,5
4	290°	1,3
5	055°	1,0
6	095°	2,5

Mittel erste 5 h
6,7 sm 268°
Mittel letzte 3 h nach Q
2,4 sm 098°

Zeichnung 4.13

Das Ziel erreichen

Der Landfall

Ein Landfall am Tage ist nur sehr selten so einfach, wie du dir das vorstellen wirst. Nachts ist er immer einfacher wegen der Kennungen der Feuer, mit denen die Lage der verschiedenen Punkte, Einfahrten, Ansteuerungen usw. schnell geklärt ist; nach den weitreichenden Hauptfeuern gar auf Distanzen von 20 sm und mehr.
Wenn tags Land auf große Distanz gesichtet wird, meist dunstig und noch weit weg, dann höre weg, wenn die Crew so gewohnheitsmäßig wie falsch zu brabbeln anfängt: „Der Hügel da ist der Mulhacén, ich kenne ihn." Oder: „Dieser Schutthügel da im Dunst mit dem hohen Leuchtturm darauf und dem Felskegel davor ist Cabo Finisterre; bin schon fünfmal dran vorbeigesegelt!" (Finisterre hat nicht die geringste Ähnlichkeit damit, wohl aber Cabo Villano.) Oder: „Da gibt's gar keinen Zweifel, das ist Steppington, die Linie der Klippen ist unverkennbar." Oder: „Wir stehen zu weit westlich, das ist der Monte Olympus."
Jeder Navigator, der das Salz auf seinem Buckel wert ist, kennt solche Sprüche — und hält gut klar von ihnen. Er ändert erst Kurs, wenn er weiß, daß dies nötig ist. Nur er weiß meist, daß er das auf zehn Meilen Distanz noch gar nicht wissen kann. Land kann man früh sehen; oft bei schlechterer Sicht sogar noch ein paar Meilen früher an der anderen Farbe des Dunstes ahnen.
Aber selbst bei klarer Sicht und auf einer Motoryacht, die mit 20 kn Marschfahrt vorankommt, hat der Navigator zwischen dem Ruf „Land!" und seinem Job, aus dieser „neuen Situation" etwas Vernünftiges und Nützliches zu machen, noch mehr als eine Stunde Zeit — auf einer Segelyacht sogar mindestens vier Stunden.

Beim Landfall klebt der befahrene Navigator an seinem Kurs bis er klar sieht und erkennt, denn: Ein Turm kann auf große Distanz aussehen wie ein Leuchtturm (und den einzig in den US-Seekarten eingezeichneten Leuchtturm des Cape Kennedy entdeckt man nur zufällig zwischen den Abschußrampen und Meßtürmen — wenn man Glück hat). Ein Leuchtturm sieht einem Kirchturm 40 sm weiter westlich ähnlich. Hohe Klippen nehmen sich bei extrem klarer Sicht wie Vorgartenmauern aus Zement vor dem Hochgebirge des Hinterlandes aus. Die Türme von Lübeck sind bei klarer Sicht von Fehmarn aus zu sehen, sinken aber unter Land, wenn man sich Travemünde nähert. Eine auf der Karte so auffällige Huk vermischt sich mit dem Hinterland bis zur Unsichtbarkeit, graue Klippen leuchten weiß im direkten Sonnenlicht — die Dinge sind nicht immer so, wie sie sind.
Auch ist es nicht einfach, den Abstand von einer Küste zu schätzen. Ein Hügel, der an einem dunstigen Tage aussieht wie zehn Seemeilen weit weg, mag nur 5 sm weit sein; an einem klaren Tag mag er 10 sm entfernt scheinen und 15 sm entfernt sein — im Mittelmeer gar 25 sm. Dummerweise sind die Zeichnungen in den Seehandbüchern und englischen Pilots auch keine große Hilfe; wenigstens bin ich noch nie jemand begegnet, der damit was anfangen konnte. Hier gibt's nur eins: Geduld und Vertrauen, bis man näher dran ist. Das ist *all right,* solange die Küste klar ist, aber es gibt Küsten, vor denen meilenweit draußen nicht gekennzeichnete Riffe und Bänke liegen, wie zum Beispiel jene mit dem ermutigenden Namen *la costa de la muerte* an der NW-Ecke Spaniens bei Vigo oder die nur 4 m tiefe Bank 20 sm (!) westlich der Isle de Ré in der Biscaya, auf der bei Sturm eine gefährliche, brechende Grundsee steht, der keine Yacht gewachsen ist.
Vor Vigo würde ich, wenn ich nicht im Rennen wäre, nicht absolut sicher wäre und meinen Landfall von Westen kommend machen müßte, beiliegen bis zum Anzünden der Feuer in der Dämmerung, um nach ihnen mein Fix zu machen.
Aus einem schrägen psychologischen Grund denken Navigatoren kaum an die astronomische Navigation, wenn sie Land in Sicht haben — nicht mal, wenn sie nicht erkennen können, welches Land es sein könnte. Sie bringen es fertig, mehrere Stunden im Ungewissen zu schwimmen, statt sich ein paar Minuten mit einer Sonnenhöhe eine Standlinie und damit Gewißheit zu verschaffen.

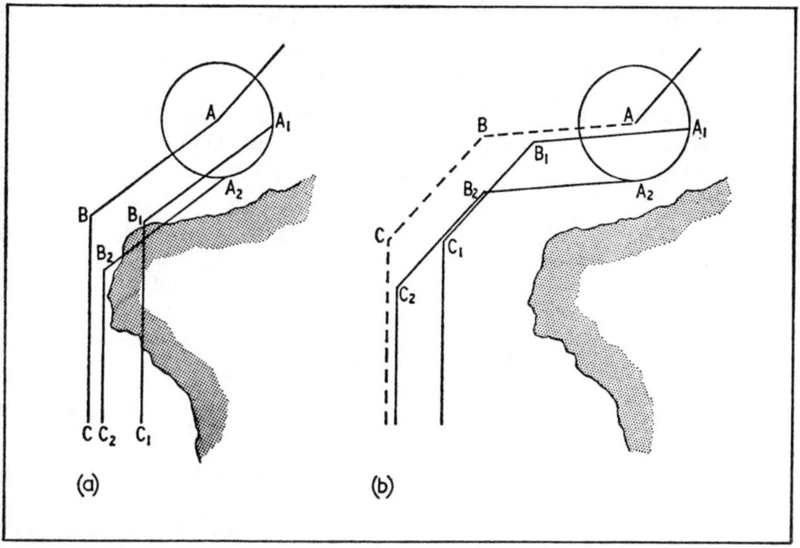

Zeichnung 5.1

Nebel und schlechte Sicht

Nachdem du gewohnheitsmäßig während einer nächtlichen Vierzigmeilenpassage korrekt deine Koppelrechnung weitergeführt hast, bist du im Nebel bei einem Kap angekommen, das nun zu runden wäre. In der Zeichnung 5.1 ist A dein Loggeort in diesem nicht zu fröhlichen Augenblick. Du genehmigst dir ein schön großes und kreisförmiges Gebiet der Ungewißheit; sagen wir 8 % der Nachtdistanz, statt üblich bescheidener 5 %, weil heute Nebel ist. Und nun nimmst du die zwei übelsten Punkte auf diesem Zirkelschlag: A_1 als den östlichsten und A_2 als den südlichsten.
Nun zeigt dir Zeichnung 5.1 a, daß dein normaler Schönwetterkurs ABC, der von A aus ganz in Ordnung wäre, dich ungespitzt in die Küste rammt, wenn du ihn von A_1 oder A_2 aus fahren würdest.
Zeichnung 5.1 b zeigt dagegen einen Kurs, der dich jedenfalls auch aus den gefährlichsten Abweichungen von deinem Loggeort klar um das Kap herumbringt: 8 sm 265, dann 7,5 sm 223 und dann mit 180 weiter.

Deine Koppelrechnung für diesen abgesetzten Koppelkurs führst du von A aus weiter, bis klare Sicht Erkenntnis bringt, wie richtig dein Giß ist. Doch mußt du beim weiterkoppeln bedenken:

1. Diese Kurse müssen für Strom und Drift berichtigt werden, ehe du sie dem Steuermann ansagst. Setzt die Tide NE und N um das Kap herum, dann sind die Kurse und Distanzen durch das Wasser vielleicht 10 sm 270, dann 9 sm 235 und weiter mit 190.
2. Dein Gebiet der Ungewißheit wächst ständig; in einem Gebiet starker Tidenströme sogar rapide. Deshalb halte mehr und mehr zur offenen See hin, wenn sich der Nebel nicht heben oder lichten will.
3. All diese Überlegungen basieren auf „keine fremden Hilfen". Selbstverständlich hast du aber laufend Funkpeilungen eingetragen, Nebelsignalen gelauscht und ständig das Echolot laufen. Dennoch, gehe nicht eher auf die Innenseite deines Sicherheitskurses, ehe du nicht absolut sicher bist, daß dabei nichts mehr passieren kann.

Zeichnung 5.2 bietet ein anderes Beispiel dafür, wie du mit einer Zone der Ungewißheit umgehen mußt, um Schwierigkeiten aus dem Wege zu gehen. Dein Loggeort sei A in 3 sm Distanz von einem Kap, als ein passierender Dampfer es dir möglich macht, die Sichtweite auf etwa 3 sm zu bestimmen. Folglich kannst du dich nicht in dem schraffierten Gebiet befinden, sonst würdest du Land sehen. Der Wind ist WzS (259°), und AB ist der höchste Kurs, den du auf Bb-Bug an den Wind gehen kannst. Sollte dein wahrer Schiffsort bei A_1 sein, und du gehst deinen alten Kurs weiter, dann wirst du um die Huk herum kreuzen müssen. Um das zu vermeiden, luvst du bis auf Kurs AB an und hältst ihn, bis du sicher bist, daß das Kap in Ost peilt. Danach kannst du abfallen. In diesem Falle sollte dir ein Hand- oder Echolot ausreichend Auskunft geben, in welcher Hälfte des Kreises du schwimmst, außer der Grund sei ungewöhnlich platt oder hügelig. Sollte die Sicht schlechter werden, dann mußt du besonders vorsichtig sein, um am Kap vorbeizukommen, falls dein Ablauf bei A_2 liegen sollte.

Dies sind Beispiele dafür, wie du das Gebiet der Ungewißheit als Hilfe bei Nebel ausnützen kannst; das gilt auch, wenn du „verirrt" bist. Jede Lage braucht ihre spezielle Lösung, aber in den geschilderten Situationen zählen Genauigkeit und Erfahrung — zehn Minuten Arbeit in der Karte können dir Stunden unnützer Segelei ersparen. Die einzige Notwendig-

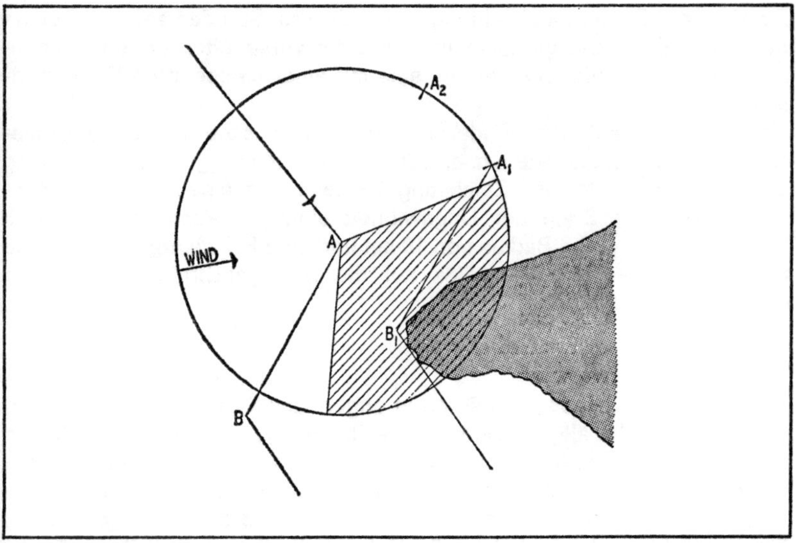

Zeichnung 5.2

keit bei der Sache ist, daß du dein Gebiet der Ungewißheit groß genug machst. Darüber wurde auf Seite 68 diskutiert, aber es ist eine Sache, über die ich nur schüchtern sprechen mag, denn ich kann da keine Regeln geben.

Mit dieser Methode der ungewissen Zonen solltest du nie von dir sagen können, du habest dich völlig verirrt. Erstens stimmt's sowieso nicht, denn du mußt schon wissen, ob du im Norden der Irischen See bist oder in der Biscaya. Bist du im Norden der Irischen See, dann wirst du auch bestimmen können, ob du nun 100 oder nur 50 sm von irgendeinem gegebenen Punkt entfernt bist. Ein Gebiet, wie groß auch immer, muß kalkulierbar sein. Von dem aus kannst du zu arbeiten beginnen, kannst es einengen durch Funkpeilungen usw. Und hier rate ich nochmal dringend dem terrestrischen Navigator, sich auch der astronomischen Navigation zuzuwenden. Wenn die Sonne nur kurz durch die Wolken blinzelt, kann man ihre Höhe über der Kimm messen und eine Standlinie bekommen, mit der man — wenigstens — schon mal die Ungewißheit beträchtlich verkleinert.

Eine weitere Sonnenbeobachtung so um die drei Stunden später gibt eine neue Standlinie. Sie gilt zusammen mit der versegelten ersten Sonnenstandlinie ein „laufendes" Fix — eins mit einer eingeengten Fehlermöglichkeit.
Von allen Navigationsmethoden ist die astronomische die von den Amateuren am wenigsten benutzte, obwohl sie mit nur ganz wenig Übung eine der nützlichsten ist. Zeichnung 5.3 zeigt, wie eine einzige Sonnenstandlinie deine Zone der Ungewißheit einengen kann; sie hat nach 200 sm Segelei einen Radius von 10 sm und eine Fläche von 314 sm². Die Sonnenstandlinie reduziert dies auf die kreuzgeschraffte Fläche, die etwa 80 sm² groß ist.

Lotserei

Lotsen nennt man das Navigieren in engen Gewässern; auf dem Revier, wie man sagt. Im allgemeinen ist das Revier da, wo die großen Schiffe Lotsen aufnehmen. Hier sind die meisten Navigationshilfen witzlos; Consol, Funkpeiler, Astronomie und Log kann man alles auf Seite räumen. Du hast es nur noch mit Kompaß, Lot und deinen Augen zu tun. Einige glückliche Leute haben die Gabe, Entfernungen mit ihren Augen richtig beurteilen zu können (ich gehöre nicht zu denen). Sie schauen in

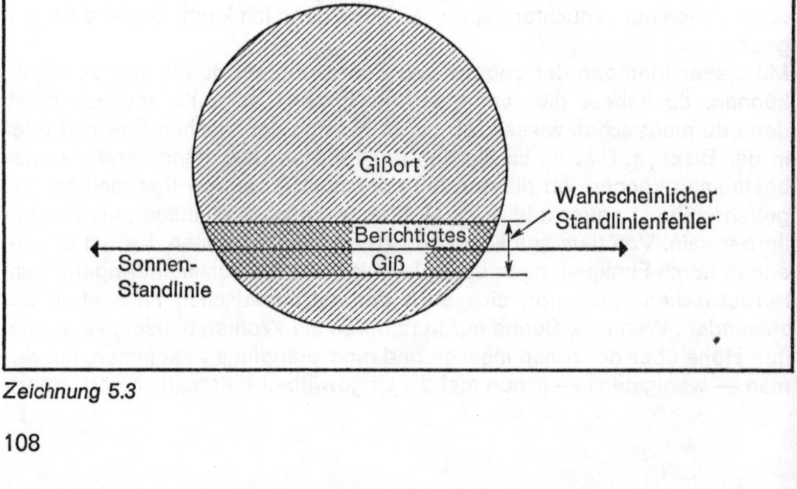

Zeichnung 5.3

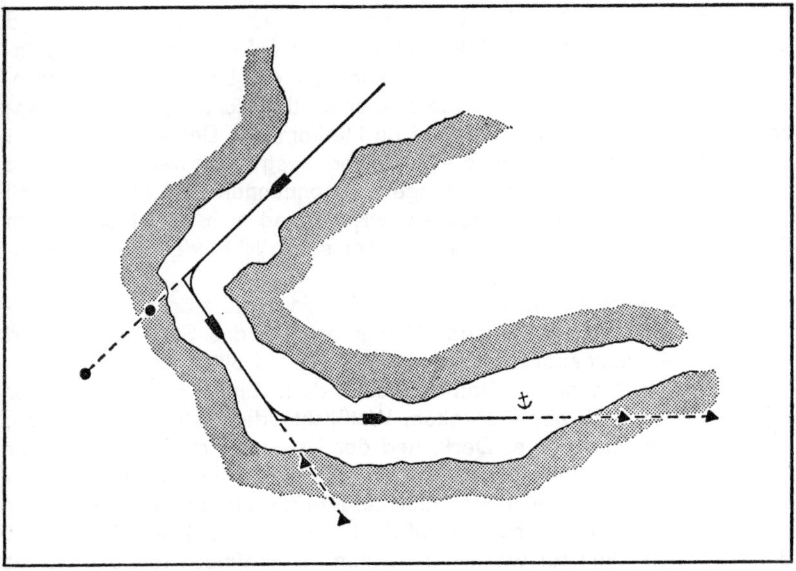

Zeichnung 5.4

die Karte, dann auf den Hafen vor ihnen und wissen genau und sofort, wo sie sind. Andere müssen immer wieder den Handpeilkompaß nehmen, bis sie dicht vor der Einfahrt stehen.

Aber jeder sollte vor seiner Ankunft die Karte studieren. Mach dir klar, ob die Molen Nord-Süd liegen oder Ost-West, merke dir die Kompaßkurse für die Einfahrt — etwa erst 180, dann 245. Lies das Seehandbuch, ehe du den Hafen anläufst, besonders wenn du ihn nicht kennst oder ihn lange nicht mehr angelaufen hast. Schau im Handbuch und in der Karte nach, ob es Deckpeilungen für die Einsteuerung gibt (Baken oder Feuer in Linie), Torfeuer oder Leitfeuer. Leitlinien (Deckpeilungen) sind besonders häufig in französischen und skandinavischen Häfen und führen einen in lange, schmale Häfen hinein, und man fühlt sich auf ihnen besonders sicher, denn solange die Marken sich decken, weiß man, daß nichts passieren kann. (Zeichnung 5.4).

Nachts sind die großen Häfen die verwirrendsten. Die Leuchtfeuer sind unter Massen von Lichtern, Reklamefeuern und aufblitzenden Autoscheinwerfern in Kurven gemischt. Dazu kommen die Lichter von Schiffen, Molenköpfen, Kaianlagen usw. Je besser du die Richtungen und Distanzen im Kopf hast, umso eher wirst du klarkommen. Besondere Vorsicht ist bei Häfen geboten, die erweitert und ausgebaut werden, denn in denen können sich Fahranweisungen, Betonnungen und Feuer schnell ändern. Man hat hier am besten die Karte und sich selbst dicht beim Ruder und dazu eine rotleuchtende oder stark lichtgedämpfte Taschenlampe zum sofortigen Nachsehen.

Zu helles Anleuchten der Karte auf dem Ruderstand stört die Dunkelanpassung des Auges sowohl des Navigators wie des Steuermanns und Ausgucks — ausgenommen bei Rotlicht, das freilich keinerlei weiße Flecken durch Schäden im Rotfilter haben darf. Kannst du als Navigator die Karte bei stark abgedunkeltem Weißlicht oder Rotlicht nicht lesen, dann muß die Karte unter Deck, und der Navigator muß sie unten der Wache an Deck „vorlesen“ und sich von Deck erzählen lassen, was die Wache sieht oder erklärt haben möchte. Merke: Ein kurzer Blick mit der unabgeblendeten Taschenlampe auf die Karte von 1 . . . 2 sek Dauer setzt die Nachtsichtigkeit für wenigstens 2 min auf praktisch totale Blindheit herab, für 5 . . . 6 min bleibt die Nachtsichtigkeit auf die Hälfte gemindert; erst nach 10 min stellt sich die volle Dunkeladaption des Auges wieder ein.

Wenn das Einsteuern eines Hafens bei Nacht schwieriger ist, dann ist es am Tag schwieriger, durch ein Fahrwasser wie die Themsemündung zu steuern. Die Leuchttonnen bekommt man in der Dämmerung und in der Nacht viel schneller ins Auge als am Tage, und an den Kennungen ihrer Feuer sind sie auf größere Entfernung auch leichter zu identifizieren. (Dennoch trifft man gelegentlich auf Steuerleute, die nicht nach der nächsten Tonne mit Blitzgruppe 2 und einer etwas sehr langen Pause dazwischen fahren, sondern auf die übernächste mit dem viel leichter im Auge zu behaltenden Funkelfeuer — so lernen alle an Bord die Sandbank kennen, an deren Ende Blz (2) liegt.)

Wenn du am Tage in solchen Revieren nicht absolut sicher bist, welche Tonne in der Nähe da passiert wird, dann lasse hinfahren und gewissenhaft (!) — ich betone: gewissenhaft Buchstabe für Buchstabe — ablesen, was auf ihr steht. Die Beschriftung der Tonnen steht bekanntlich meist auf der dem Schiff abgewandten Seite, aber es wäre ein Fehler, angesichts eines noch gerade erkennbaren S zu meinen, es handele sich tatsächlich um die schwarze Tonne SBZ, auf die man Kurs abgesetzt hatte. Schwarz ist sie ja, aber es könnte auch die SNZ oder SNB sein, die beide nicht allzu ferne sind; je nachdem von wo man kommt, ist die eine von der anderen nur 3 sm weit weg.

Diese Mahnung zur Genauigkeit gilt manchmal selbst für die Begegnung mit Feuerschiffen. Als wir mal vor Jahren vom Hoek van Holland heimfuhren, schickten wir uns gerade an, das FS „South Goodwin" zu runden, als wir an seiner Bordwand „East Goodwin" buchstabierten und schnell den Kurs um 90° ändern mußten.

Man hat mir erzählt, daß es bei der Navigation auf dem Rio de la Plata, in dessen schlängelnden Fahrwassern besser sei, die Tonnen abzulesen und auf der Karte abzuhaken, und ich glaube, daß man dazu nicht bis zum la Plata zu fahren braucht, sondern das schon auf Elbe, Weser, Ems und Schelde üben kann. Das mag 'ne triste Übung sein, aber *better safe than sorry.*

Auf dem Revier sind vorbereitende Studien alles — selbst auf dem heimischen Revier. Für Briten von Southampton, Hamble und Cowes ist dies beispielsweise *The Needles Channel,* jener Weg aus den Gewässern zwischen der Isle of Wight und der britischen Hauptinsel hinaus in den offenen Ärmelkanal, der um die Westhuk der Insel Wight und einige Reste dieser Huk, die da wie Haizähne kalkig und spitz stehen, herumführt. Beim westlichsten Zahn steht ein Leuchtturm, und der hat:

1. Einen roten Sektor nach SE, der ein Flach von 10 m Wassertiefe überdeckt; östlich davon ist das Feuer abgedeckt.
2. Einen roten Sektor nach NW, der die Shingles-Bank überdeckt.
   Durch diesen roten Sektor muß man freilich hindurch, wenn man den Needles Channel durchsegelt.
3. Ein weißer Sektor von SE nach W führt in den Channel ein.
4. Ein weißer Sektor nach ENE führt nach Hurst Point.
5. Ein grüner Sektor überdeckt Warden Ledge und How Bank, die beide dicht unter der Nordküste der Insel Wight liegen.
   (Merke Autofahrer: Grüne Leuchtfeuer für die Seefahrt haben nur selten eine ähnliche Bedeutung wie im Straßenverkehr.)

Hurst Point hat zwei Feuer, die, wenn sie in Linie liegen, in den Channel hineinführen (oder rückwärtsschauend aus ihm hinaus). Ist man durch die Enge bei Hurst hindurch, dann zeigt das höhere der beiden Leitfeuer einen schmalen roten Sektor längs des Solent, der die Solent-Bänke überdeckt. (Es ist nie beruhigend, in einem roten Sektor zu sein.)
Wenn du dir klar bist, daß zusätzlich zu all dem noch eine Reihe befeuerter Tonnen kommen, dann wird dir auch klar, daß dir ganz schön unklar wird, wenn du unvorbereitet in solch eine Galaxie von Lichtern hineingerätst. Aber mit zehn Minuten genauem Hingucken und ein paar Bleistiftnotizen über das im Zeitablauf zu erwartende Beleuchtungsprogramm, bevor die Vorstellung beginnt . . . kurz: „dein Weg mit dem Finger über die Seekarte“, hilft dir, anhand der bengalischen Beleuchtung sicher dorthin zu segeln, wo du hinwillst.
Bei all solcher Lotserei ist die Karte am Ort des dringendsten Bedarfs eine große Hilfe — und der dringendste Bedarf heißt Steuermann. Man muß als Navigator in der Karte meist gar nicht präzise malen während der Revierlotserei. Man braucht sie nur, um zu wissen, wie die Umgebung ist, wenn man gerade Tonne C (schwarz) passiert und abgehakt hat, wie es weitergeht, nach rechts oder nach links?
Eine Plastikhülle oder dergleichen, in die man die gefaltete Karte einschieben kann, schützt sie vor Feuchtigkeit. Peilungen kann man mit Filzschreiber auf der Plastikhülle einmalen, wobei kleine Ungenauigkeiten keine große Rolle spielen, da die Peilobjekte immer sehr nahe stehen.
Vergiß nicht, die Tide zu studieren, ehe du in einen Hafen einlaufen möchtest. Du mußt den Tidenhub und die augenblickliche Tidenhöhe kennen und natürlich auch, ob die gerade steigt oder fällt. Nur so weißt du Bescheid, ob du in Ruhe ankern kannst, wenn das Echolot 7 m anzeigt, oder ob du am nächsten Morgen hoch und trocken liegen wirst.

Auslandsreisen

Das Vordringen in fremde Gewässer macht einem Navigator kaum Schwierigkeiten, vorausgesetzt er studiert die dazu notwendige Literatur. Was er da braucht sind:

1. Das Seehandbuch (eventuell mehrere) des DHI für die besuchten Gebiete.
2. Das Leuchtfeuerverzeichnis des DHI (eventuell mehrere) für diese Gebiete.
3. Die Bände Funkortung und eventuell Wetterdienst des DHI

Natürlich muß man auch alle notwendigen Karten haben, vor allem auch die großmaßstäblichen für die Häfen, die man anlaufen will. Das DHI hat solche großmaßstäblichen An- und Einsteuerungskarten von allen Häfen, die von der deutschen Handelsschiffahrt öfters angelaufen werden. Notfalls muß man sich genauere Karten im betreffenden Lande besorgen. Bei den englischen und amerikanischen Karten wird man nach dem derzeitigen Stande (1973) einige Jahre lang darauf achten müssen, ob die Lotungen noch in Fuß, Faden (fathom) oder schon in Metern angegeben sind. Die Hydrografen beider Länder stellen die Seekarten auf Höhen- und Tiefenangaben in Metern um, aber es wird noch einige Zeit dauern, bis alle Karten mit den veralteten Maßen vom Markt verschwunden sind. Solange man gemixte Karten an Bord hat, muß man aufpassen — was in 2 fathoms gerade noch schwimmt, das sitzt in 2 metres auf Schiet, denn da fehlen 1,70 m.
Man muß sich überdies immer klar sein, daß die Informationen in den Seehandbüchern und den entsprechenden „Pilots" der Britischen Admiralität kein Muster an Genauigkeit sein können, denn solche Bücher sind keine Bestseller, und die Redakteure dieser Ausgaben sind, was die laufenden Berichtigungen betrifft, auf die freiwillige Mithilfe und Berichterstattung

der Seefahrer angewiesen. Dasselbe gilt für die Leuchtfeuerverzeichnisse und ein wenig selbst für die Funkdienste. So sind in den letzten Jahren in Spanien und Südfrankreich eine ganze Menge neuer Häfen gebaut worden, und in wenigen Jahren sind durch den Tourismus aus kleinen Küstennestern und selbst öden Küstenlandstrichen Hotelstädte mit unzähligen Hochhäusern geworden. In der deutschen Detailkarte für Marbella (Südost-Spanien) war 1972 ein einziges, offenbar auffälliges Hotel eingezeichnet, aber 1972 wurden in Marbella mehr als zwei Dutzend Hotels und Appartementhäuser gezählt.

Das andere Extrem sind Küsten wie die Westküste von Mexiko, deren Befeuerung dafür bekannt ist, daß sie meist nicht brennt, und wenn doch, dann mit anderer Kennung als in den Büchern. Schließlich gibt es noch Seegebiete, für die es kein deutsches Seehandbuch mehr gibt, weil zu wenig Schiffe dorthin fahren — beispielsweise die Adria; für sie kann man nur noch das britische Seehandbuch („Pilot") bekommen. Ein gewisses Maß an Vorsicht ist also immer nötig.

Besonderes Interesse sollte man immer dem vorderen Teil der Seehandbücher und Pilots zuwenden, denn dort stehen die Informationen über Gezeiten, Strömungen, jahreszeitliche Wetterwahrscheinlichkeiten, Sturmhäufigkeiten und vorherrschende Winde, gesetzliche Bestimmungen und Seezeichensysteme — alles Dinge, die man wissen sollte, ehe man in die betreffenden Gewässer kommt.

Die einzelnen Küsten- und Hafenbeschreibungen liest man nach und nach gemäß dem Fortschritt der Reise. Das ist übrigens durchaus nicht nur langweilige Literatur. Zumindest erfährt man in den deutschen Handbüchern einiges über den Ort, die Einwohnerzahl, das Hauptgewerbe, die eingeführten und ausgeführten Waren. Freilich so literarisch wie zuweilen die britischen Pilots geben sich die deutschen Seehandbücher nicht. Sturmbeschreibung aus dem „Pilot" für die Orkneys:

„In den fürchterlichen Stürmen, die gewöhnlich vier- bis fünfmal jedes Jahr vorkommen, geht jede Unterscheidung zwischen Wasser und Luft verloren, die nächsten Gegenstände verschwimmen im Gischt, und alles scheint wie in dicken Rauch gehüllt. An der offenen Küste steigt die See sogleich an und steigt beim Anprall an die felsige Küste als Schaum mehrere hundert Fuß hoch und breitet sich über das ganze Land.

Die See ist jedoch nicht so schwer in den harten Stürmen kurzer Dauer wie in den normalen Stürmen, die viele Tage lang geweht haben. Die ganze Gewalt des Atlantik kracht dann gegen die Küsten der Orkneys, Felsen von vielen Tonnen Gewicht werden aus ihrem Lager emporgeschleudert, und das Brüllen der Brandung kann man zuweilen bis zu 20 Meilen weit vernehmen. Die Brecher steigen bis zu einer Höhe von 60 Fuß, und die auf dem Nord-Flach 12 sm nordwestlich von Costa Head brechende See kann man in Skail und Birsay sehen."

Ozeanüberquerungen

Bei Ozeanüberquerungen bekommt es der Navigator mit anderen Problemen zu tun als mit den gewohnten der alltäglichen Küstenfahrerei. Der wichtigste Unterschied ist, daß es nun ohne astronomische Navigation nicht mehr geht. Man braucht dazu gute praktische Kenntnisse. Ich kenne zwar Leute, die ohne jede Ahnung abfuhren und auf dem Törn alles lernten, was nötig ist, aber besser ist es, vor der Abreise zu einer Atlantiküberquerung die nötigen praktischen Kenntisse erworben zu haben.
Mehr noch als in der Küstenfahrt kommt hier der planenden Vorbereitung an Bedeutung zu. Wer die Absicht hat, zu segeln, muß genug lesen und studieren, um entscheiden zu können, wann und welche Route er segeln will; und auch, um nicht in vorhersehbare Schwierigkeiten und Gefahren zu schippern.
Folgende Literatur braucht man dazu: *Ocean Passages for the World*, die *Pilot Charts* für den fraglichen Ozean und die fragliche Zeit — am besten die amerikanischen H. O. 1400 — und das Seehandbuch für das Gebiet des beabsichtigten Landfalls. Ausländische Publikationen, wie die Pilot Charts und Ocean Passages kann man in Deutschland bei den Seekartenvertriebsstellen in den großen Hafenstädten Hamburg und Bremen meist sofort, immer nach vorheriger Bestellung erhalten.
Die Pilot Charts sind Karten für jeden Monat des Jahres, in denen der Ozean in Planquadrate aufgeteilt ist. Für jedes Quadrat sind die Häufigkeiten der Windrichtungen und -stärken in jeder Richtung als statistisches Mittel aus teilweise mehr als hundert Jahre währenden Beobachtungen und Berichten eingetragen. Außerdem sind die Ozeanströmungen eingezeichnet. Mit solchen Informationen kann man sich seine Route und seinen Reisetermin aussuchen; man erkennt, wo die Sturmgebiete und wo die Roßbreiten (Flautengürtel) zu erwarten sind, sieht, wo man die

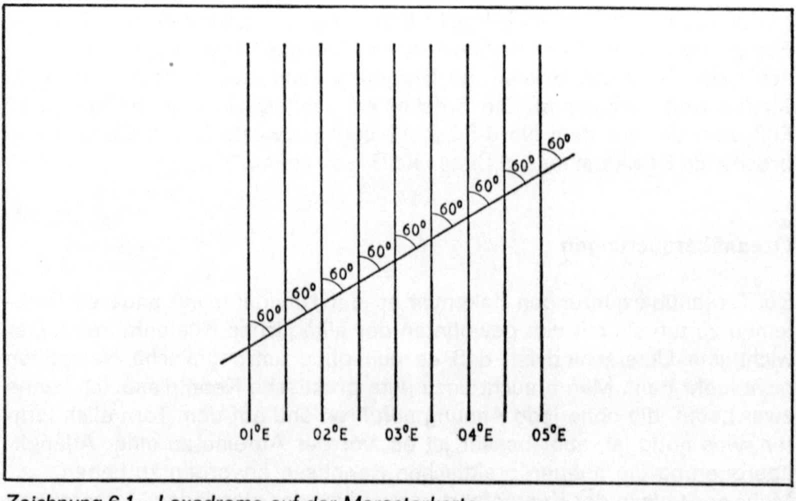

Zeichnung 6.1 Loxodrome auf der Mercatorkarte

Passate erwischen kann. Hier stehen die Informationen für die Hurricane-Saison und die üblichen Zugbahnen der Sturmwirbel; entsprechende Taifun-Informationen gibt die Pilot Chart für den Pazifik, Monsundaten für den Indischen Ozean.

Ehe man sich aber Routen zurechtlegt, muß man etwas Kenntnisse über die Großkreissegelei haben. Die Loxodrome ist eine Kurslinie, die alle Meridiane im gleichen Winkel schneidet — auf der Mercatorkarte (der normalen Seekarte) erscheint sie als Gerade, weil dort die Meridiane so verzerrt sind, daß sie untereinander parallel verlaufen. Auf der Erdkugel laufen sie aber alle an den Polen zusammen, und eine Linie, die alle diese Meridiane im gleichen Winkel schneidet, ist tatsächlich eine Kurve, die sich spiralig zu einem Erdpol hin windet, um in ihm zu enden (Zeichnung 6.1).

Man könnte zwar durchaus einen Loxodromkurs von New York nach Lissabon segeln (oder zwischen zwei beliebigen anderen Punkten auf der Erde). Da beide Städte etwa auf demselben Breitengrad liegen, braucht man von New York nur treu und stetig nach Ost zu segeln, um in Lissabon anzukommen. Aber das ist nicht der kürzeste Weg. Du kannst dir das an einem Globus gut mit einem Ende Kabelgarn selbst beweisen. Halte das Garn auf beide Städte und ziehe es so stramm wie möglich, und du wirst sehen, daß es nicht längs des 40. Breitenparalles läuft, dem beide Städte naheliegen, sondern einen Bogen nördlich davon beschreibt: den Großkreiskurs.

Die kürzeste Entfernung zwischen zwei Punkten auf der Erdkugel (und jeder anderen Kugel) ist immer ein Stück eines durch beide Punkte gehenden Großkreises. Dieser Kreis hat als Mittelpunkt den Kugelmittelpunkt und er hat denselben Radius wie die Kugel. Auf der Erdoberfläche sind Äquator und alle Meridiane Großkreise. Die Breitenkreise sind es nicht, weil ihr Mittelpunkt entweder nördlich oder südlich vom Erdmittelpunkt liegt. Die Winkel zwischen den Meridianen und irgendeinem Großkreis (ausgenommen dem Äquator) sind nicht gleich, weshalb ein Großkreis auf der Mercatorkarte als Kurve erscheint.

Was mußt du nun tun, um auf dem kürzesten Wege von New York nach Lissabon zu kommen? Am einfachsten ist es mit einer Großkreiskarte (gnomische Projektion), die bei allen Hydrographischen Instituten zu haben sind — bei kleineren Seekarten-Vertriebsstellen meist nur nach Bestellung. Auf diesen Karten sind gerade Linien die Darstellung von Teilen eines Großkreises. Ziehe eine Gerade vom Ablaufort zum Zielort und nimm die geographischen Koordinaten längs dieser Geraden in regelmäßigen Abständen — alle fünf Längengrade sollte genügen — und übertrage sie in die Mercatorkarte. Würdest du die Punkte in der Mercatorkarte mit einem Kurvenlineal verbinden, dann ergäbe das eine Kurslinie wie in Zeichnung 6.2.

In der Praxis nimmt man dann aus der Mercatorkarte Kurs und Distanz von Längengrad zu Längengrad im gewählten Intervall — hier 5° — und segelt das Stück gerade (als Loxodrome), also nur einen angenäherten Großkreiskurs.

Nun ist der Großkreiskurs wohl der kürzeste, er mag aber dennoch nicht der beste oder schnellste sein. Man muß ihn mit den vorherrschenden Winden und Strömen vergleichen. Die Reise New York nach Lissabon mag im Winter über den Großkreiskurs gehen, aber im Sommer lohnt es sich gewiß, weiter nördlich zu gehen und nach den Westwinden zu suchen, statt knapp nördlich der Azoren (und überhaupt in deren ganzem Gebiet) bekalmt liegenzubleiben. Andererseits wird man die Reise Boston-Norwegen wohl wegen der Eisberge südlicher als den Großkreis fahren.

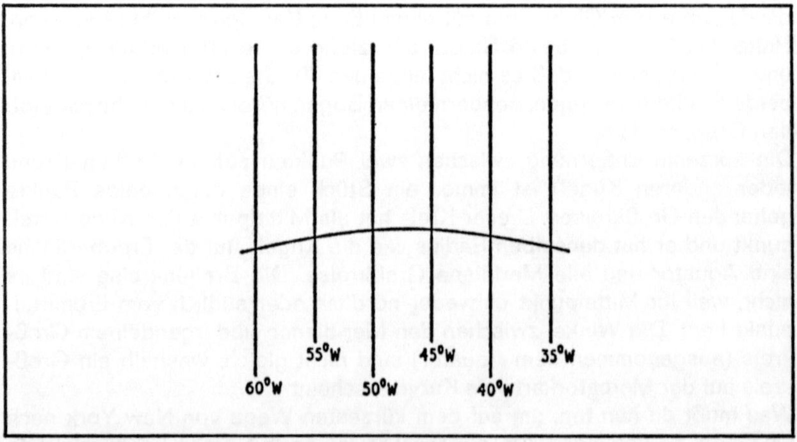

Zeichnung 6.2 Großkreis auf der Mercatorkarte

Die Atlantiküberquerung von Ost nach West stellt andere Probleme. Entschließt man sich für den Großkreis, so bedeutet das Ankreuzen gegen 3000 sm Golfstrom und Wind. Aber du kannst auch über den langen Weg, 5000 sm und ein paar mehr, gehen; hinunter zu den Canarias und dann mit dem Nordostpassat — den „Handelswinden" — hinüber zu den West Indies. Klar, das ist viel weiter, aber es verspricht stetige Backstagsbrise und helfenden Strom.

Außer dem Studium der Überfahrt muß man sich natürlich auch mit Informationen über die Küste des fernen Landes möglichst gründlich versehen — dies nicht zu knapp auf den beabsichtigten Landfall beschränkt. (Ich setzte mal in Cannes Segel, um nach Westindien zu segeln und landete in Tunis.) Hier empfiehlt sich, außer der Beschaffung der Handbücher auch die Lektüre der Reiseberichte von Yachtskippern, die solche Reisen schon gemacht haben. Sollte ich mal eine Reise fern der üblichen Trampelpfade machen, etwa nach Grönland oder Patagonien, dann würde ich vorher gewiß alles nur denkbare versuchen, mit jemanden zu reden, der eine solche Reise schon gemacht hat.

Die einzige zusätzliche Ausrüstung zu deiner normalen wäre für solche Reisen ein Sextant, das Nautische Jahrbuch oder (besser) der Nautical Almanac, astronomische Tafeln für das gelernte Rechensystem, eine Beobachtungsuhr und ein Kurzwellenempfänger guter Leistung zum Empfang der Zeitzeichen — nur so kann man sich einen Chronometer sparen*.
Die vorbereitende Arbeit des Navigators zu einer Ozeanüberquerung ist wichtiger und umfangreicher als zu einer Küstenreise. Dafür hat der Navigator auf hoher See dann aber die reinsten Ferien, wenn es nicht gerade eine Transatlantik- oder Transpazifik-Regatta ist. Das Koppeln während der ersten Woche oder so hat wenig Sinn. Man kann seine Position ein- oder zweimal am Tag durch Gestirnsbeobachtung bestimmen und den Wettervoraussagen zuhören, das ist alles. Sein Besteck macht man am besten auf Mercatornetzen (DHI Nr. 2820) für den Breitenbereich, mit dem man zu tun hat. Sie haben den Maßstab 1 : 200 000 und kosten pro Blatt 1 DM (1972). Ähnliche Dienste tun die amerikanischen und britischen *Plotting Sheets* (die Karten des DHI dieses Namens sind nicht brauchbar, sie haben einen anderen Zweck).
Das Einzeichnen astronomischer Standlinien in die Ozeankarten („Übersegler") ist wegen deren kleinen Maßstabs so gut wie unmöglich; in sie überträgt man nur die auf der Netzkarte ausgearbeiteten Positionskoordinaten.
Erst bei der Annäherung an Land wird die Arbeit des Navigators wieder intensiver und wichtiger. So 600 ... 700 sm vor dem Landfall mußt du mit dem sorgfältigen Koppeln beginnen, denn der Himmel könnte drei Tage lang bedeckt sein und jede astronomische Standortbestimmung verhindern. Dein Gebiet der Ungewißheit könnte somit riesenhaft werden, aber du mußt schon eine Idee haben, wo du bist. Selbst wenn du 300 Meilen von Land ein astronomisches Fix machen kannst, mußt du zur normalen Küstenpraxis zurückkehren: Jede Stunde den Koppelort ein-

* *Das große Angebot an relativ preiswerten elektronischen Armbandchronometern mit Stimmgabel- oder (besser) Quarzsteuerung in jüngster Zeit befreit von der Notwendigkeit zur Anschaffung eines aufwendigen KW-Empfängers; ein einfacher zum Empfang von Nachrichten genügt. Die Genauigkeit der kleinen Chronometer ist für die Dauer üblicher Ozeanreisen auf jeden Fall ausreichend. Die Autorin konnte noch nicht erkennen (1973), daß wirklich brauchbare KW-Empfänger, mit denen man garantiert Zeitzeichen bekommt, wann immer man sie braucht, mehr kosten als ein elektronisches Schiffschronometer. Der Übersetzer.*

tragen, ihn öfters astronomisch oder durch Consol (oder Loran, wenn du hast) prüfen oder berichtigen und, wenn du in die Reichweite der Funkfeuer kommst, die weitere Bestätigung durch Kreuzpeilungen.
Bis dann der herrliche Augenblick für jeden Amateurnavigator kommt, wenn du sagst: „Wenn's dämmert, müßten wir das Feuer sehen." Und dann seht ihr in der Dämmerung wirklich über dem Bug Blitzgruppe (2) von Bishop Rock. Du kannst es, wirklich!

Anhang

Mario Bini:

Kompaß-Deviation und Kompaß-Regulierung

Grundsätzliche Annahmen

Beim Studium des Magnetismus an Bord wird grundsätzlich angenommen, daß der Einfluß des Eisens auf den Kompaß nur von zweierlei Art ist: der des *weichen Eisens,* das keinen eigenen Magnetismus hat, solchen aber durch Induktion jeweils vom Erdfeld annimmt, und der des *harten Eisens* (z. B. Stahl), das einen eigenen, permanenten Magnetismus hat und so ein eigenes, vom Erdfeld unabhängiges Magnetfeld erzeugt.
Diese Annahme ist nicht ganz richtig, weil es „Zwischenarten" von Eisen gibt, die unter Einfluß eines magnetischen Feldes nicht sofort, sondern nur mit einer gewissen Verzögerung magnetisch induziert werden. Es gibt keine Möglichkeit, solche Eisenarten theoretisch in die Berechnung einzubeziehen, aber auf Seite 136 steht, wie man mit ihm umgeht, falls es an Bord vorkommt.
Sowohl weiches wie hartes Eisen haben einen störenden Einfluß auf den Kompaß, und dieser ändert sich mit der Kielrichtung des Schiffs und lenkt den Kompaß um einen gewissen Betrag nach Ost (E) oder (W) aus seiner korrekten Richtung nach magnetisch Nord — auch mißweisend Nord genannt — ab. Der Ablenkungsbetrag in Winkelgraden wird *Deviation* (Ablenkung) genannt, und man mißt ihn beim Drehen des Schiffs durch Peilen eines Objekts bekannter (mißweisender) Richtung und Vergleichen mit der gleichzeitigen Kompaßpeilung, wie auf Seite 138 beschrieben.
Da die Deviation von der Kielrichtung des Schiffs abhängig ist, wird sie bei ihrer graphischen Darstellung immer über dem Kompaßkurs aufgetragen, wie in Zeichnung A.1 gezeigt.

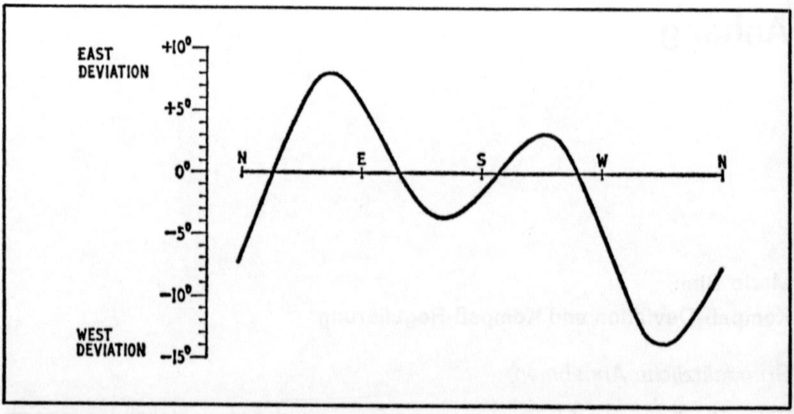

Zeichnung A.1

Die Deviationskurve und ihre Analyse

Die Theorie zeigt, daß die Deviationskurve, so kompliziert sie auch erscheinen mag, die Summe von fünf einfachen Komponentenkurven ist — und die Praxis bestätigt dies in vollem Umfange. Diese Kurven sind:

1. Eine konstante Deviation, A° die sich als eine horizontale Linie darstellt (Zeichnung A.2a).
2. Eine Sinusfunktion, deren Maximum B° ist (A.2b).
3. Eine Cosinusfunktion — sozusagen eine um 90° verschobene Sinusfunktion (A.2c) — mit Maximum C°.
4. Eine doppelte Sinusfunktion mit Maximum D° (A.2d).
5. Eine doppelte Cosinusfunktion mit Maximum E° (A.2e).

Diese Komponentenkurven werden durch die Wirkung von fünf magnetischen Kräften hervorgerufen, in die man das magnetische Feld des Schiffs aufteilen kann. Um die Werte von A°, B°, C°, D° und E° bestimmen zu können, muß das Schiff gedreht und die Deviationskurve gezeichnet werden. Die Deviationen für die Himmelsrichtungen und Zwischenrichtungen (000, 045, 090, 135, 180, 225, 270, 315°) werden abgelesen und notiert und mit d_{000}, d_{045}, d_{090}, d_{135} usw. bezeichnet.

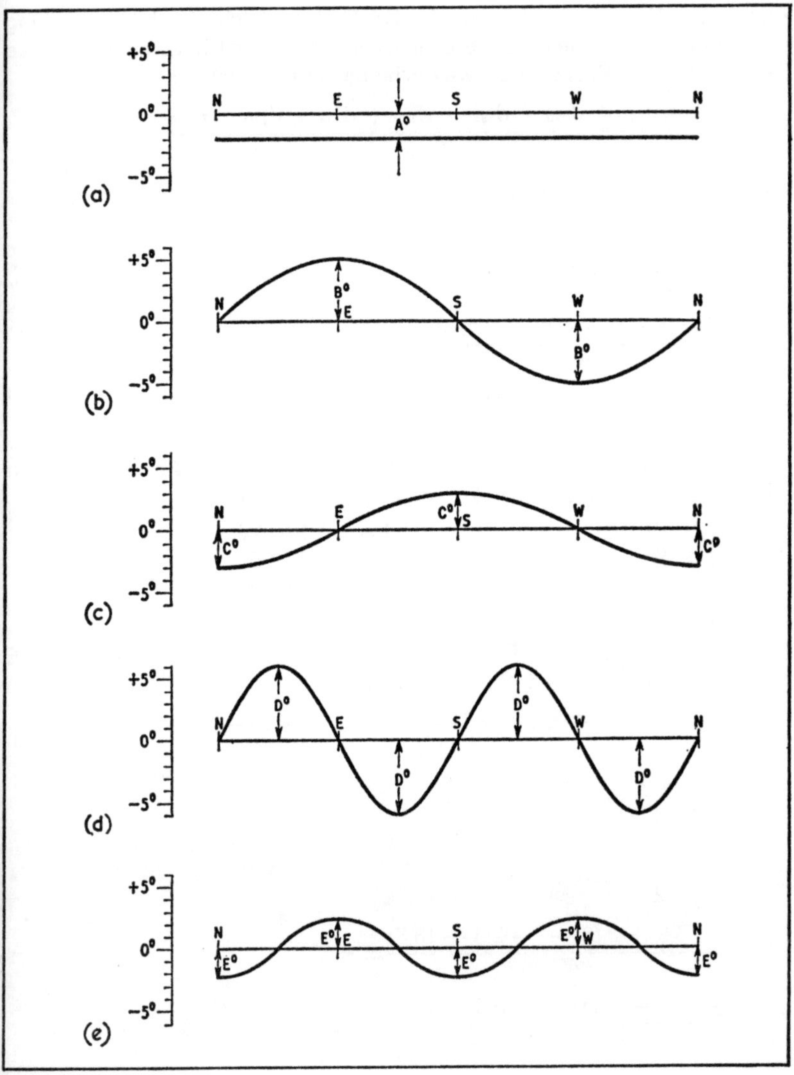

Zeichnung A.2

Aus diesen Deviationen können A°, B°, C° usw. leicht durch Verwendung nachstehender Formeln ausgerechnet werden. Dabei bekommen östliche Deviationen das Pluszeichen, westliche das Minuszeichen:

$$A^\circ = \frac{d_{000} + d_{045} + d_{090} + d_{135} + d_{180} + d_{225} + d_{270} + d_{315}}{8}$$

$$B^\circ = \frac{d_{090} - d_{270}}{2}$$

$$C^\circ = \frac{d_{000} - d_{180}}{2}$$

$$D^\circ = \frac{(d_{045} + d_{225}) - (d_{135} + d_{315})}{4}$$

$$E^\circ = \frac{(d_{000} + d_{180}) - (d_{090} + d_{270})}{4}$$

Ein Beispiel mit Zahlen wird das noch klarer machen. Wir nehmen dazu die Werte aus der Deviationskurve in Zeichnung A.1:

d_{000} = 7,5° W	d_{180} = 1,5° W
d_{045} = 5,5° E	d_{225} = 3,0° E
d_{090} = 5,5° E	d_{270} = 4,5° W
d_{135} = 2,5° W	d_{315} = 13,5° W

Ehe diese Werte in die Formel gehen, muß man daran denken, daß E positiv und W negativ ist. So ergibt sich:

$$A^\circ = \frac{-7{,}5 + 5{,}5 + 5{,}5 - 2{,}5 - 1{,}5 + 3{,}0 - 4{,}5 - 13{,}5}{8} = -2^\circ$$

$$B^\circ = \frac{+5{,}5 + 4{,}5}{2} = +5^\circ$$

$$C^\circ = \frac{-7{,}5 + 1{,}5}{2} = -3^\circ$$

$$D^\circ = \frac{(+5{,}5 + 3{,}0) - (-2{,}5 - 13{,}5)}{4} = +6^\circ$$

$$E^\circ = \frac{(-7{,}5 - 1{,}5) - (+5{,}5 - 4{,}5)}{4} = -2{,}5^\circ$$

Das sind also die Deviationskomponenten der Deviationskurve in der Zeichnung A.1, und ihre Kurven (Funktionen) sind in der Zeichnung A.2 a ... e dargestellt. Zeichnet man diese Kurven alle übereinander und bildet aus ihnen graphisch die Summe, dann ergibt sich wieder die Summenkurve der Zeichnung A.1.

Die Deviationskomponenten normaler Schiffe

Eine Untersuchung des Magnetismus zeigt, daß die Komponenten A° und E° auf bestimmte Arten asymmetrischen weichen Eisens zurückzuführen sind, die auf „normalen" Schiffen nicht zu finden sind; dabei bezieht sich „normal" auf symmetrisch gebaute Schiffe. (Gewisse Spezialschiffe, z. B. Flugzeugträger, sind asymmetrisch gebaut.) Ferner ist unter „normal" zu verstehen, daß der Kompaß auf der Mittellinie des normalen Schiffs steht. Nach solchen Gesichtspunkten sind hölzerne Yachten oder solche aus Glasharz gewiß „normal". Das einzige Weicheisen an Bord sitzt im Motor und im Kiel, falls der aus Gußeisen ist. Beides ist jedenfalls tief genug unter dem Kompaßniveau, was die Störung in der Horizontalebene beträchtlich mindert. Diese Horizontalkomponente ist die wichtigste. Die Vertikalkomponente des Erdfeldes lenkt den Kompaß nicht ab, sie versucht nur die Rose mit ihrem Nordende nach unten zu kippen, solange das Boot auf ebenem Kiel liegt; krängt das Boot, dann verursacht auch die Vertikalkomponente eine Horizontalablenkung (Deviation).
Aus Erfahrung weiß man, daß A° und E° auf Schiffen und Yachten vernachlässigbar klein sind, und deswegen tut man nichts zu ihrer Korrektur. Sollte man bezüglich ihrer Gegenteiliges entdecken, so bleibt einem nur, für den Kompaß einen neuen Platz zu suchen oder das störende Eisen aus seiner Nähe zu entfernen.
Wir wollen deshalb für die weiteren Betrachtungen annehmen, daß die Deviation nur aus drei Komponenten besteht:

1. Der Sinuskomponente B°
2. Der Cosinuskomponente C°
3. Der Doppelsinuskomponente D°

Einfluß von Magneten und Weicheisen auf den Kompaß

Sehen wir uns an, wie ein Kompaß reagiert, wenn man in seine Nähe Weicheisen und Harteisen (z. B. einen Magneten) bringt. Fangen wir mit einem Magneten auf der Fahrstrichachse an, dessen Südpol zum Kom-

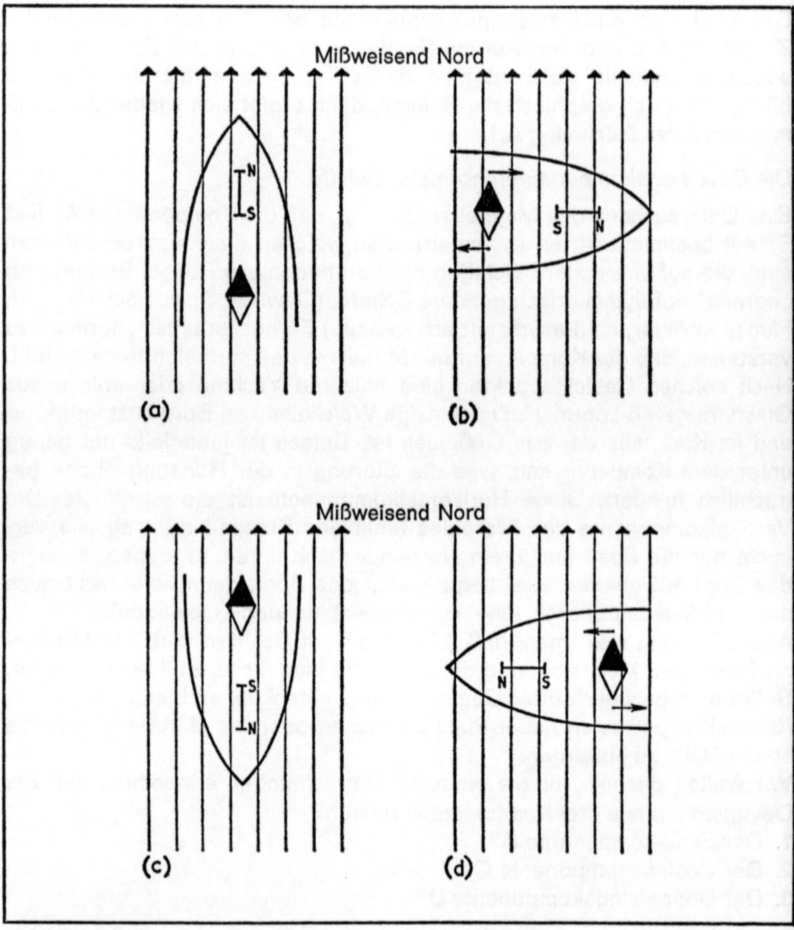

Zeichnung A.3

paß zeigt. Liegt das Schiff auf magnetisch Nordkus (mN), dann ist der Ablenkungseinfluß auf den Kompaß gleich null (Zeichnung A.3 a), denn der Magnet verstärkt nur das Erdfeld, ohne es zu deformieren.

Liegt das Schiff auf Kurs mE (A.3 b), dann wird das N- Ende des Kompaß vom S-Pol des Magneten angezogen, und zwar gegen die Richtkraft des erdmagnetischen Feldes. Der Kompaß wird sich etwas nach rechts in östlicher Richtung drehen, bis die Kräfte des Erdfeldes und des Magnetfeldes sich die Waage halten — die Deviation ist östlich (+). Liegt das Boot auf Kurs mS (A.3 c), dann ist der Einfluß des Magneten wieder null, denn er schwächt nur etwas das Erdfeld, ohne es aus seiner Richtung zu zwingen. Liegt das Boot auf Kurs mW (A.3 d), dann zieht der Südpol des Magneten den Nordpol des Kompaß nach links (und stößt, nebenbei, den S-Pol des Kompaß ab, aber beides wirkt zusammen als eine Kraft), bis wieder die Kräfte von Erdfeld und Magnetfeld sich das Gleichgewicht halten — besser gesagt: die Magnetnadel stellt sich auf dieses Gleichgewicht ein. Die Deviation ist westlich (—).
Ein Magnet in einer so orientierten Plazierung ruft demnach auf Kursen zwischen N-E-S östliche Deviation hervor; und westliche auf allen Kursen N-W-S (sprich Nord über Ost nach Süd und Nord über West nach Süd). Die größte Deviation (Maximum) wird auf den Kursen E und W erreicht, weil die vereinte Kraft von Anziehung der ungleichnamigen und Abstoßung der gleichnamigen Pole durch den Störmagneten in 90°-Lage zur Kompaßnadelachse am größten ist.
Würden wir den Störmagneten nun umdrehen, dann wäre der Drehsinn der Deviation genau umgekehrt: westliche Deviation auf Kursen im östlichen Sektor und östliche Deviation im westlichen Kurssektor.
Es ist offensichtlich, daß durch Änderung der Stärke des Magneten und /oder seines Abstandes vom Kompaß die Größe der Deviation variiert werden kann. Man kann nun zeigen, daß man durch Plazierung eines passenden Magneten in der Kielebene durch die Kompaßmitte eine Deviation wie in der Zeichnung A.4 a erzeugt werden kann oder durch Umdrehen des Magneten eine von der Gestalt A.4 b. Das sind aber nun Deviationen des exakt gleichen Typs wie B° in Zeichnung A.2 b.

Es ist deshalb möglich, durch Anordnung eines Magneten von passender Stärke und Entfernung vom Kompaß in der Kielebene die Deviationskomponente B eines Schiffs aufzuheben, indem man diesen Magneten entgegengesetzt gepolt anbringt. Der Magnet erzeugt nun eine größengleiche, aber entgegengesetzte Deviation zur Komponente B, und beide heben sich gegenseitig auf — sie „kompensieren“ sich.

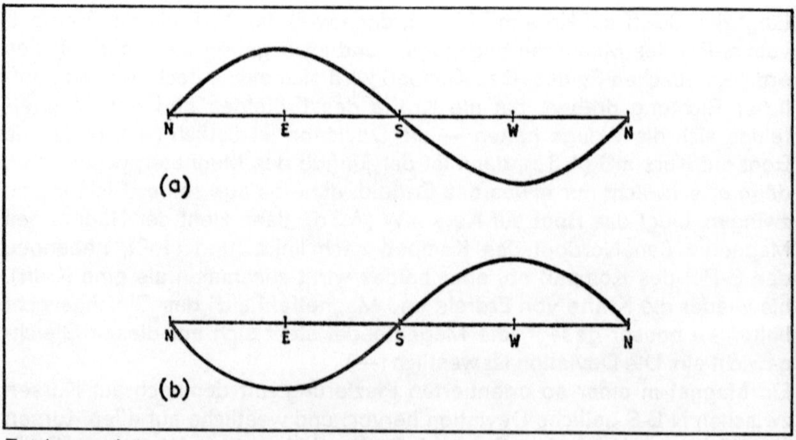

Zeichnung A.4

Bringen wir einen Magneten querschiffs in die Nähe des Kompaß, dann bekommen wir ein Ergebnis, das dem soeben betrachteten sehr ähnlich ist, nur um 90° gedreht. Der Magnet hat keinen ablenkenden Effekt, wenn das Boot E- oder W-Kurs (magnetisch) läuft (Zeichnung A.5a, links und rechts), er verstärkt oder schwächt nur das Erdfeld, ohne seine Richtung zu deformieren. Die Deviationsmaxima werden auch hier wieder erreicht, wenn die magnetischen Achsen von Kompaßnadel und Störmagnet senkrecht zueinander stehen, also bei den Kursen mN (A.5b) und mS (A.5c); so wie es da gezeichnet ist, ist die Deviation auf N-Kurs W (—) und auf S-Kurs E (+).

Wir können so also eine Deviation herstellen, die für E- und W-Kurse null ist und ihre Maxima auf N- und S-Kursen hat. Diese Deviation ist in Zeichnung A.6a dargestellt; in A.6b für den umgedrehten Magneten. Wir erkennen hier exakt den Typ der Deviationskomponente C (Zeichnung A.2c). *Wenn wir also entsprechend einen genügend starken Magneten in der richtigen Entfernung querschiffs beim Kompaß anbringen, dann können wir so eine Deviation von gleicher, aber entgegengesetzter Ordnung erzeugen, die die C-Komponente der Schiffsdeviation aufhebt (kompensiert).*

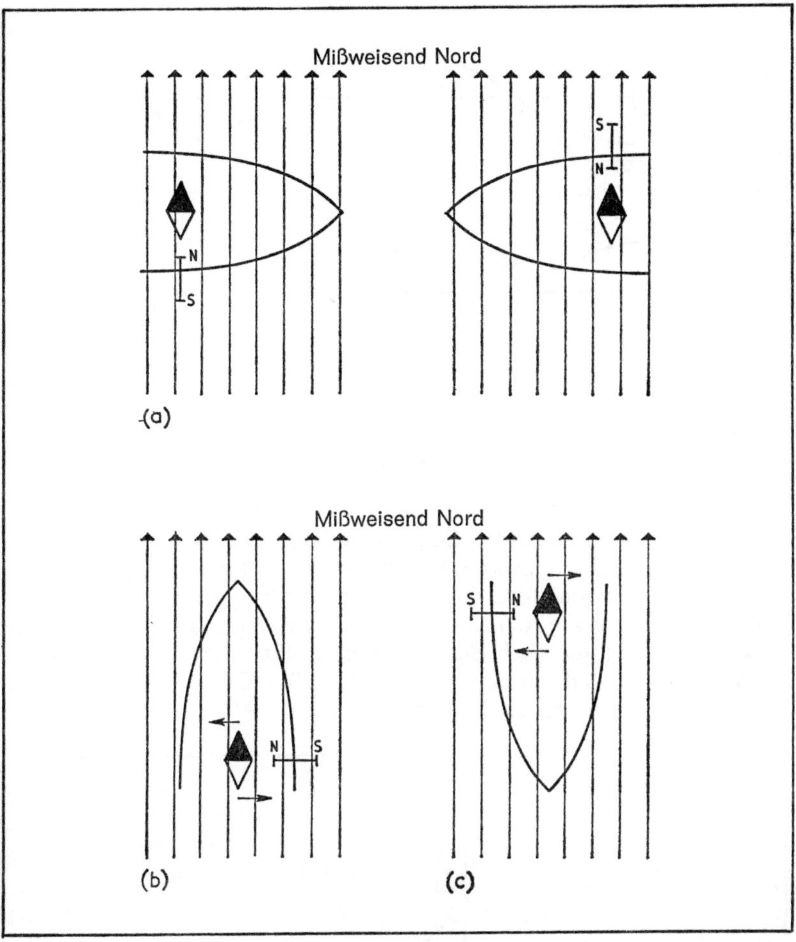

Zeichnung A.5

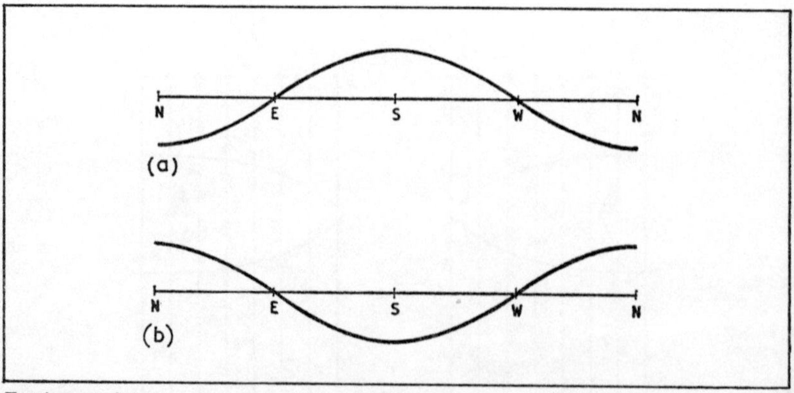

Zeichnung A.6

Der Rest dieses Kapitels ist für Yachten aus Holz oder Kunststoff eigentlich überflüssig. Da es aber auch Stahlyachten gibt, nehmen wir ihn mit. Sehen wir uns an, was passiert, wenn wir einige Weicheisen, etwa zwei Kugeln querschiffs zu beiden Seiten des Kompaß anbringen. Wie schon auf Seite 121 gesagt, gibt es in Weicheisen nur induzierten Magnetismus, was hier bedeutet, daß jede Kugel durch das erdmagnetische Feld magnetisiert wird (Zeichnung A.7), und ihre nach Nord weisende Hälfte bekommt dabei N-Polarität, die nach Süd weisende Hälfte entsprechend S-Polarität. Wenn das Schiff auf den Kursen mN, mS, mE und mW liegt (Zeichnung A.8), verursachen die beiden Kugeln keine Ablenkung der Magnet-

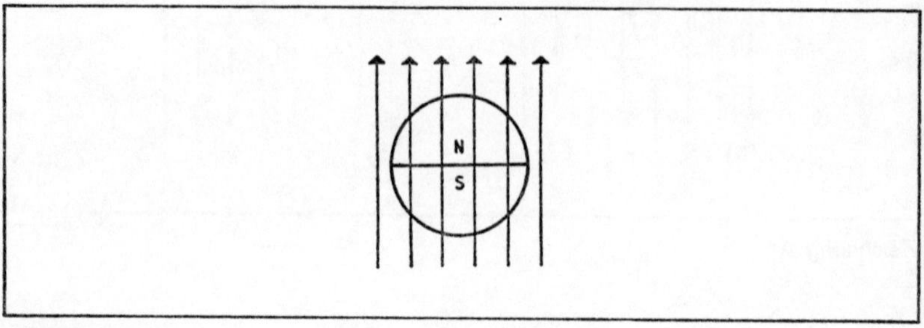

Zeichnung A.7

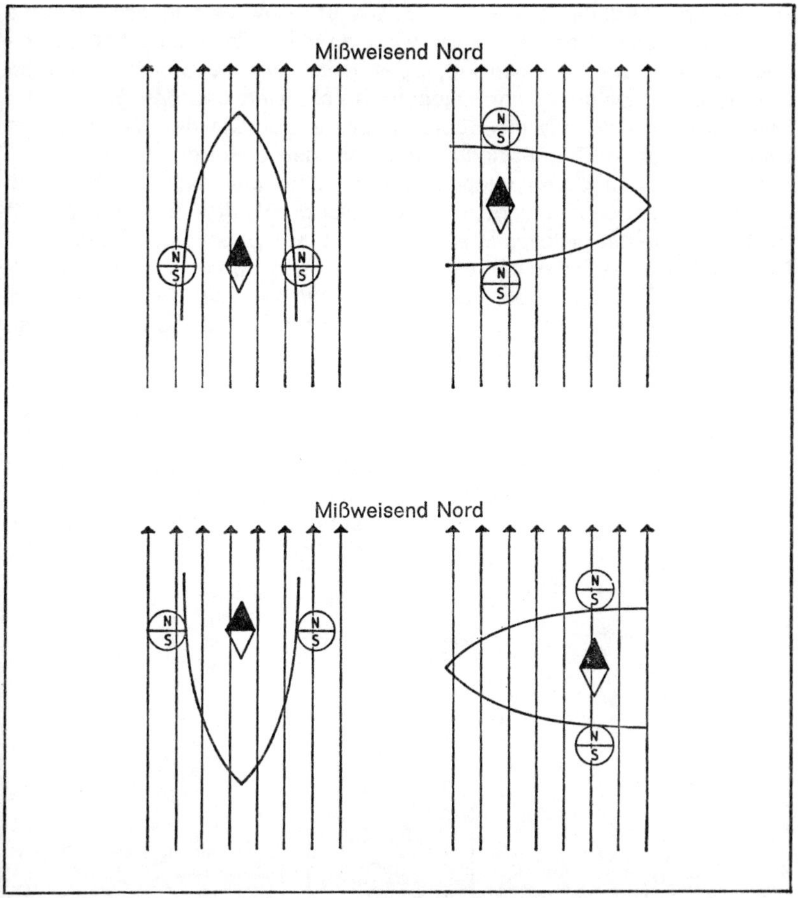

Zeichnung A.8

nadel. Auf den Kursen N und S werden die beiden Enden der Kompaßnadel von gleichen, aber entgegengesetzten Kräften abgestoßen, die sich gegenseitig aufheben. Auf den Kursen E und W aber verstärken die Kugeln nur die Richtwirkung des Erdfeldes.

Auf den Interkardinalkursen (NE, SE, SW und NW) wird jedoch durch die Kugeln eine Deviation verursacht, wie man in der Zeichnung A.9 am Beispiel für NE-Kurs erkennen kann. Betrachten wir die Stb-Kugel zuerst: Ihre nördliche Hälfte ist nordmagnetisch polarisiert und dem Südpol der Magnetnadel näher als die Südhälfte der Kugel. Die der Nadel nähere Hälfte hat den stärkeren Einfluß und zieht den S-Pol der Nadel an. Bei der Bb-Kugel ist deren südpolarisierte Hälfte dem Norpol der Nadel näher und zieht diesen also zu sich hin. Der drehende Ablenkungseinfluß beider Kugeln hat gleichen Drehsinn auf die Kompaßnadel; die Deviation ist westlich (linksdrehend). Natürlich kann man durch Wahl der Kugelgröße (oder Zylindergröße, denn Zylinder tun es auch) und durch Änderung des Abstandes der Kugeln von der Kompaßnadel die Größe der so erzeugten Deviation verändern.
Ähnlich ist der Einfluß der Kugeln auf den anderen Interkardinalkursen. Durch das Anbringen von Weicheisenkugeln oder -zylindern dwars neben dem Kompaß erzeugt man eine Deviation, die in den vier Haupthimmelsrichtungen null ist und ihr Maximum in den vier Zwischenrichtungen erreicht; diese Deviation ist *unabänderlich* westlich im ersten Quadranten (000 ... 090°), östlich im zweiten Quadranten (090 ... 180°), dann wieder

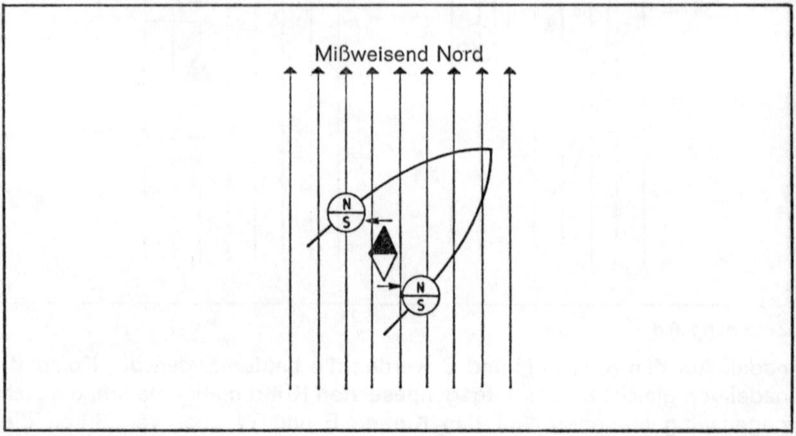

Zeichnung A.9

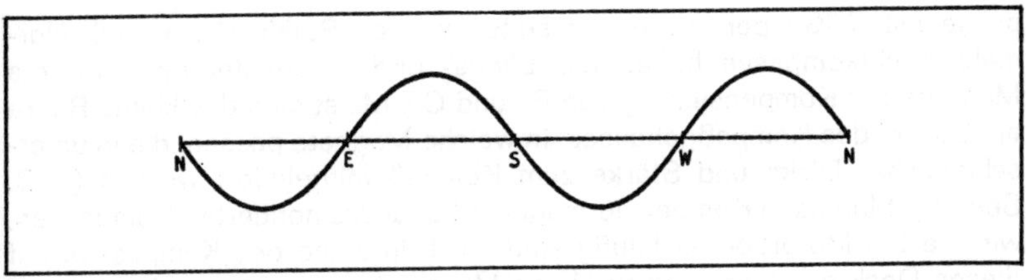

Zeichnung A.10

westlich (180 . . . 270°) und östlich (270 . . . 000°), wie es in Zeichnung A.10 als Doppelsinuskurve aufgezeichnet ist.
Weil nun aber glücklicherweise Schiffe gewöhnlich länger als breit sind, ist die von ihnen ausgehende D°-Komponente der Deviation immer östlich im NE-Quadranten, wird westlich im SE-Quadranten usw, hat also entgegengesetzte Vorzeichen. *Deshalb ist es möglich, durch passend große Weicheisenkugeln in der richtigen Entfernung eine Deviation zu erzeugen, die gleich groß der D-Komponente des Schiffs aber entgegengesetzt ist und letztere also kompensiert.* Man nennt diese Kugeln und Zylinder deshalb auch D-Kompensatoren.

Das Kompensieren der Deviationskomponenten

Wir haben gesehen, daß die drei Deviationskomponenten, denen man auf einem normalen Schiff begegnen kann (nicht muß!), aufzuheben sind durch:

1. Längsmagnet zur Kompensierung von B°
2. Dwarsmagnet zur Kompensierung von C°
3. Weicheisenkorrektoren zur Kompensierung von D°.

Diese Mittel werden in der Nähe des Kompaß untergebracht, und tatsächlich sind die Kompaßhäuser auf allen Arten von Schiffen nur mit den Einrichtungen zur Kompensierung von B°, C° und D° ausgestattet (mit einer möglichen Zusatzeinrichtung zur Korrektur des Krängungsfehlers — vergleiche Seite 137).
Eine große Vereinfachung beglückt die Eigner von Holz-, Kunststoff- und Aluminiumyachten, denn diese Schiffe haben keine D°-Komponente, die hauptsächlich von Stahldecks herrührt. Deswegen sind auf Yachten Kom-

passe mit D-Kompensatoren so selten wie es Stahlyachten sind. Normale Yachtkompasse haben nur Längs- und Querhalterungen für die Magnete zur Kompensierung von B° und C°. Meist sind das kleine Rohre am Sockel des Kompaßgehäuses, in welche Magnete passen, die in unterschiedlicher Dicke und Stärke zum Kompaß mitgeliefert werden (z. B. Sestrel). Man kann Kompensiermagnete bei decksmontierten Kompassen, wie sie bei Motorbooten häufig sind, auch in Nähe des Kompasses auf dieses Deck montieren, wozu kleine Messinghülsen dienen, die sich auf Deck festschrauben lassen.
So bleiben von den fünf möglichen Deviationskomponenten bei den meisten Yachten nur noch zwei übrig, weil A°, D° und E° unbedeutend sein müßten. Hat man A-Deviation auf einer Yacht, was sich an einer seitlichen Verschiebung der Deviationskurve zeigt — die Halbierende zwischen positiven und negativen Maxima liegt neben der Nullachse des Diagramms —, dann muß man als erstes prüfen, ob der Fahrstrich des Kompaß parallel zum Kiel des Schiffs liegt. Eine andere Ursache für eine A-Deviation kann ein seitlich von der Schiffsmitte eingebauter Kompaß sein, wie es auf Motorbooten häufig ist. Die A-Komponente ist meist nicht so groß und stört nicht.

Deviation auf Holzyachten und ihre Kompensierung

Was hier für hölzerne Yachten gesagt wird, gilt selbstverständlich auch für solche aus Glasharz und ähnlichen Kunststoffen und für solche aus Schiffbau-Aluminium. Was solche Yachten nun betrifft, so kann man ihre Deviationskurve als eine Summe aus den beiden Deviationskomponenten B° und C° ansehen, ganz egal, wie sie nun aussieht — siehe Zeichnung A. 11.
Die bedeutsame Erkenntnis, die man aus Zeichnung A. 11 gewinnen kann, ist, daß die Deviation auf den Hauptkursen Ost und West allein von der B°-Komponente kommt; und die auf Nord- und Süd-Kursen stammt allein von Komponente C°. *Die Möglichkeit dieser Isolierung von B° und C° ist der Schlüssel zur Kompensierung.*
Hat man das Boot auf Kurs mN gelegt, dann hebt man die Deviation C° einfach dadurch auf, daß man Quermagnete installiert (näher oder ferner), bis der Kompaß 000 (N) am Steuerstrich anliegen hat. Die B°-Deviation wird aufgehoben, indem man das Boot auf einen Kurs mE legt und Längs-

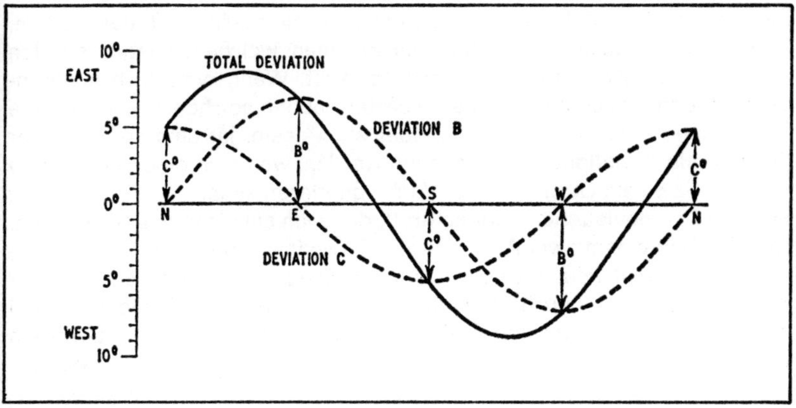

Zeichnung A.11

magnete so installiert, bis am Steuerstrich des Kompaß 090 anliegt. Dabei ist es egal, ob man erst mit N- Kurs oder mit E-Kurs anfängt, ob man also erst B kompensiert und dann C oder umgekehrt.

Hat man auf diesen beiden Kursen die Ablenkung kompensiert, dann ist es eine gute Praxis, die Sache auf dem jeweiligen Gegenkurs nachzuprüfen — nach der Kompensierung von B auf N-Kurs also eine Drehung um 180° auf mS-Kurs (aber nicht nach Kompaß, sondern nach einer Land-Seitenpeilung). Zeigt der Kompaß dabei auch 180, dann ist an der B-Kompensierung nichts mehr zu tun, sie ist 100prozentig in Ordnung. Für m 270 und die C-Kompensierung gilt sinngemäß dasselbe. Sollte sich bei dieser Gegenprobe jedoch jeweils eine Deviation zeigen (es ist ein Anzeichen für das Vorhandensein von A°- und E°-Deviation), dann verschiebe die Magneten so, daß der angezeigte Fehler halbiert wird; zeigt der Kompaß statt 180 also 178, dann verschiebe den Magneten so, daß er 179 anzeigt. Ebenso verfährt man mit einer Restdeviation der Komponente C°.

Die A- und E-Deviationen sind jede für sich meistens klein, können sich aber durch Addition doch störend auswirken. Beim Halbieren des Fehlers ist jeweils der Magnet zu bewegen, der quer zur Kompaßnadel liegt. Das kann man sich leicht merken, wenn man sich daran erinnert, daß Magnete parallel zur Nadel nur das Erdfeld verstärken oder schwächen ohne abzulenken — siehe dazu auch Zeichnung A. 3a.

Der Kompaß ist nun kompensiert, und was allein noch zu tun übrig bleibt, ist, das Schiff nochmal zu drehen, um zu sehen, welche Deviation auf den verschiedenen Kompaßkursen noch übrig ist. Wenn ordentlich kompensiert worden ist, sollte auf allen Yachten, außer solchen aus Stahl, die Restdeviation auf keinem Kurs größer als 1° sein. Ist dies so, kann der Kompaß als deviationsfrei angesehen werden, weil man einen Fehler von weniger als einem Grad auf einer Yacht ignorieren kann.
Sind die Restdeviationen aber so groß, daß man sie nicht ignorieren kann, dann bleiben einem zwei Alternativen: Entweder man macht die Kompensierung nochmal neu oder man läßt die Dinge wie sie sind und stellt eine Steuertafel — auch Deviationstafel genannt — auf, die dann bei jeder Kursverwandlung und Peilungsverwandlung berücksichtigt werden muß.

„Zwischeneisen"

Wie schon auf Seite 121 gesagt, kann es an Bord „Zwischeneisen" geben; solches, das nur langsam Magnetismus durch Induktion annimmt und ihn auch nur langsam wieder verliert. Dazu zählen viele normale Baustähle, wie sie z. B. in der Schiffbeplattung normal beanspruchter Rumpfteile gebraucht werden.
Im erdmagnetischen Feld magnetisiert sich solches Eisen mit derselben Polarisierung. Ändert das Schiff nun nach langer Reise mit demselben Kurs — etwa von Quessant am englischen Kanal nach Rio de Janeiro — diesen Kurs, dann wird der Magnetismus in diesem Zwischeneisen noch eine gewisse Zeit so bleiben, wie er sich auf der langen Reise orientiert hat, womit er die Bedingungen, unter denen der Kompaß kompensiert wurde, zum Teil beträchtlich ändert. Diese „gewisse Zeit" kann irgendwas zwischen einer Minute und einigen Stunden sein, abhängig von der „Verzögerung", die das jeweilige Eisen dieser Sorten zur Magnetisierung und Ummagnetisierung braucht. Das ist der Grund, warum man diese Eisensorten theoretisch-rechnerisch nicht in den Griff bekommt. Aus praktischer Sicht gibt es jedoch zwei Maßnahmen, mit denen man möglichen Ärger aus solcher Quelle minimieren kann.

1. Bevor man sich ans Kompensieren des Kompaß macht, sollte man das Boot eine Zeitlang frei schwojend vor Anker legen, so daß sich solcher halbpermanenter Magnetismus erst gar nicht bilden kann. Geht das

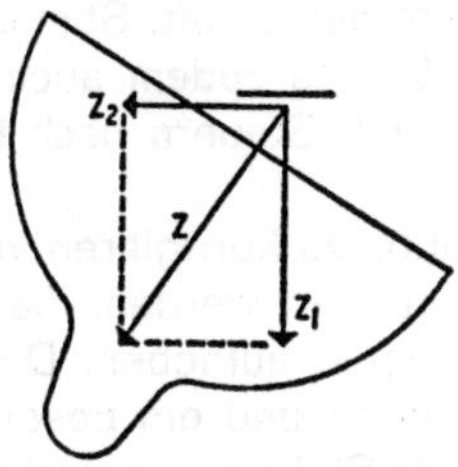

Zeichnung A.12

aus irgendwelchen Gründen nicht, dann sollte man ein Boot, das lange Zeit immer auf demselben Kurs am Steg oder auf Land festgelegen hat, vor dem Kompensierungstermin mehrere Stunden auf Gegenkurs festlegen — etwa eine Nacht lang.

2. Prüfe den Kompaß jedesmal bei einer Kursänderung genau durch Vergleich mit einem Handpeilkompaß oder nach Sonnenazimuten, wenn die Kursänderung auf eine Langfahrt in derselben Kursrichtung folgt oder einer längeren Liegezeit auf Land (Winterlager) oder Werft oder am Steg.

Der Krängungsfehler

Wir haben uns bislang nur mit den horizontalen Kräften befaßt, die auf den Kompaß einwirken. Vertikale Kräfte haben auf den Kompaß keine ablenkenden Einwirkungen, solange das Schiff auf ebenem Kiel schwimmt, d. h. nicht kopf- oder hecklastig trimmt und nicht krängt — letzteres wirkt sich deutlicher aus. Krängt das Schiff, dann kann man die vertikale Kraft Z in die Komponenten Z_1 und Z_2 zerlegen (Zeichnung A.12). Z_1 hat keinen ablenkenden Einfluß, es möchte nur die Kompaßrose nach unten ziehen. Z_2 wirkt in horizontaler Richtung und verursacht Deviation.

Diese Deviation kann man auf Segelyachten nicht ignorieren (beim Rollen eines Motorboots führt sie zu einem Pendeln der Kompaßrose nach links und rechts im Takt der Rollperiode). Die Krängungsablenkung darf umso weniger ignoriert werden, weil sie bei einer Krängung nach Steuerbord einen Fehler nach der einen Seite und bei Backbordkrängung einen zur entgegengesetzten Seite hervorruft. Stimmen Drehperiode des Kompaß und Rollperiode des Schiffs zudem auch noch überein, dann kann sich das so aufschaukeln, daß Steuern nach Kompaß praktisch unmöglich wird.

Um diese Krängungsdeviation zu korrigieren, müssen unter der Kompaßmitte vertikale Magnete installiert werden, die die vertikale Komponente des Erdfeldes für den Kompaß aufheben. Dazu muß der Kompaß von seinem Sockel entfernt werden und ein besonderes Instrument namens *Vertikalkraftwaage* an seiner Stelle eingesetzt werden — das kann natürlich nur ein Spezialist, ein berufsmäßiger Kompaßkompensierer, machen. Normalerweise braucht man diese Kompensierung nicht, aber es ist wichtig, sich über das Ausmaß dieser Deviation ein Bild zu machen. Man kann das auf jedem Kurs, und einmal gemacht, reicht es für alle Zeiten bis zum nächsten größeren Umbau, wie dem Einbau eines anderen Motors.

So legt man ein Boot auf einen gegebenen Kompaßkurs

Markiere zuerst die Position, auf der du den Kompaß kompensieren willst, auf einer Karte großen Maßstabes und stelle aus der Karte die mißweisenden Peilungen von mindestens zwei gut sichtbaren Landmarken fest. Die Marken sollten ungefähr 180° auseinanderliegen und möglichst weit entfernt sein, um einen Parallaxefehler auszuschließen. Es ist nur eine Bequemlichkeit, zwei Landmarken zu haben, weil auf gewissen Kursen eine nicht sichtbar sein könnte, weil sie z. B. hinter dem Mast liegt.

Um das Boot auf einen bestimmten Kurs zu legen, bedient man sich der Seitenpeilung. Ist beispielsweise die mw Peilung 128 und muß das Boot auf mw 180 gelegt werden, dann warpt man es, bis die Landmarke 308 seitenpeilt (das sind 52° an Bb-Bug); siehe Zeichnung A.13. Das Drehen des Schiffs zur „Regulierung nautischer Instrumente“, wie es im Signalbuch heißt, geht schneller, wenn man vorher eine Liste mit den Kompaßkursen (magnetische Kurse) und den entsprechenden Seitenpeilungen aufstellt (Tafel A.1).

Das beste Instrument zur Messung von Seitenpeilungen ist eine Peilscheibe (Zeichnung A.14), möglichst auf einem Dreibeinstativ, das man mittschiffs in der Plicht oder an Deck aufstellen kann. Der Fahrstrich (B)

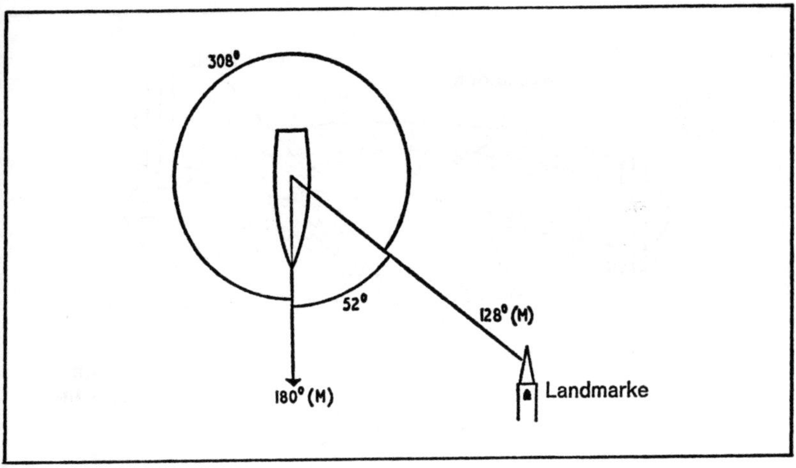

Zeichnung A.13

Tabelle A.1

Kompaß-kurs	Seitenpeilungen Landmarke A mw Plg 128°	Landmarke B mw Plg 306°
0°	128°	306°
30°	98°	276°
60°	68°	246°
90°	38°	216°
120°	8°	186°
150°	338°	156°
180°	308°	126°
210°	278°	96°
240°	248°	66°
270°	218°	36°
300°	188°	6°
330°	158°	336°
360°	128°	306°

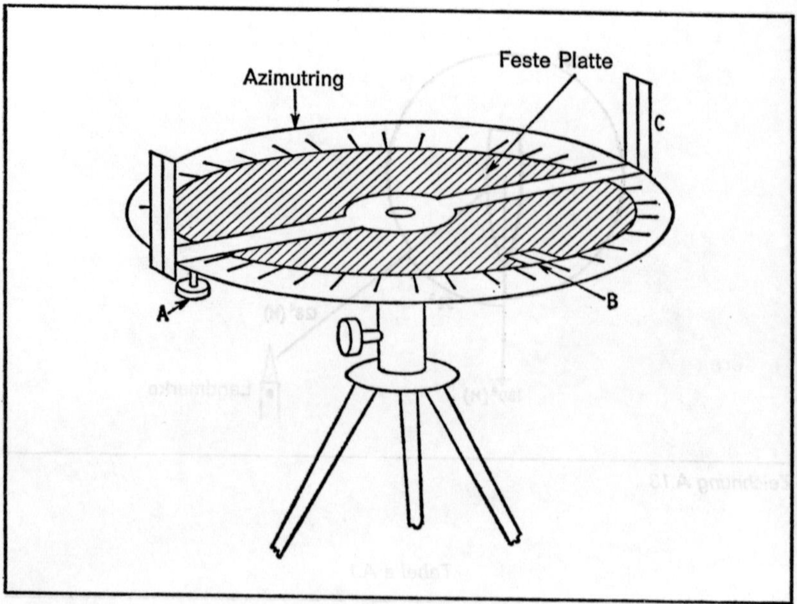

Zeichnung A.14

muß in Kielrichtung weisen. Der Peildiopter (C) muß auf Mitte Mast weisen, wenn er auf B steht, und auf Mitte Heck, wenn er um 180° gedreht wird. Ideal sind Peilscheiben, bei denen die Visiereinrichtung durch eine Klemmschraube (A) festgestellt werden kann; man kann so die mw Peilzahl der Landmarke auf dem Azimutring fest einstellen und dann den Ring drehen, bis die Landmarke im Diopter liegt — der mw Kurs des Bootes kann dann gleich an der Peilscheibe bei B abgelesen werden. Leider gehören Peilscheiben nicht zur üblichen Ausrüstung von Yachten, aber man kann an ihrer Stelle einen Sextanten benützen. Markiere die Kiellinie des Schiffs mit auffällig gefärbtem Klebeband einmal durch ein Stück auf Mastmitte und ein weiteres auf der Mitte des achteren Kajütdaches (Zeichnung A.15) oder eine andere dafür praktische Stelle — so hat der Beobachter im Cockpit eine exakte Bezugslinie. Hält man nun den Sextanten horizontal, so kann man mit ihm sehr genaue Seitenpeilungen messen, indem man die Landmarke in Deckung mit der markierten Bezugslinie spiegelt, beziehungsweise umgekehrt. Da ein Sextant aber nur Winkel bis zu 110 ... 120 grd messen kann, transformiert man die vollkreisigen Seitenpeilungen der Tafel A.1 besser in Stb- und Bb-Peilungen, wie es in Tafel A.2 gezeigt ist. Hier wäre eine dritte Landmarke in etwa 90° von A und B sehr willkommen für den Fall, daß entweder A oder B recht voraus hinter dem Mast verborgen sind. Notfalls kann man eine solche Hilfslandmarke „vor Ort" mit dem horizontal gehaltenen Sextanten entdecken, den man auf 90° genau einstellt, und die magnetische Peilung dieser Marke aus dem Winkelabstand zur magnetischen Peilung von A oder B, je nachdem errechnet.

Vorbereitende Arbeiten

Ehe man beginnt, das Schiff zum Kompensieren des Kompaß zu drehen, ist folgendes zu tun:

1. Wähle einen gut geschützten Platz, der frei von magnetischen Störungen, wie elektrischen Leitungen, Rohren, Kränen und großen Schiffen, ist.

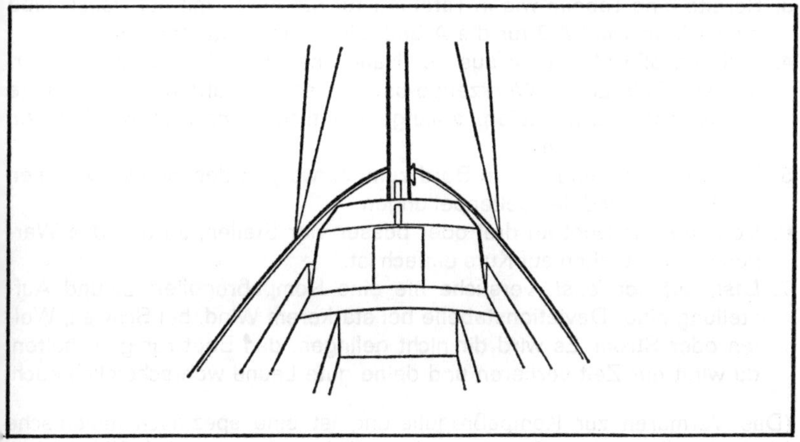

Zeichnung A.15

Tabelle A.2

Kompaß-kurs	Seitenpeilungen Landmarke A mw Plg 128°	Landmarke B mw Plg 306°
0°	—	54° Bb
30°	98° Stb	84° Bb
60°	68° Stb	—
90°	38° Stb	—
120°	8° Stb	—
150°	22° Bb	—
180°	52° Bb	—
210°	82° Bb	96° Stb
240°	112° Bb	66° Stb
270°	—	36° Stb
300°	—	6° Stb
330°	—	24° Stb
360°	—	54° Stb

2. Entnimm aus der Karte die mißweisenden Peilungen von zwei Objekten von der gewählten Position aus.
3. Bereite eine Tabelle wie in Tafel A.1 für die Arbeit mit der Peilscheibe oder wie in Tafel A.2 für die Arbeit mit einem Sextanten vor.
4. Entferne alle Magneten aus der Nähe des Kompaß und sorge dafür, daß sich kein Eisen (Werkzeuge usw.) in seiner Nähe befindet. Bringe die Kompensiermagneten, solange sie nicht gebraucht werden, am Bug des Schiffs unter.
5. Nimm genug Leute mit an Bord zum Verwarpen des Bootes, Ablesen des Kompaß und der Seitenpeilungen
6. Vermure das Boot an drei oder besser vier Stellen, so daß das Warpen und Festhalten auf Kurs einfach ist.
7. *Last, but not least,* versuche nie eine Kompaßregulierung und Aufstellung einer Deviationstabelle bei stärkerem Wind, bei Schwell, Wellen oder Strom. Es wird dir nicht gelingen, das Boot ruhig zu halten, du wirst nur Zeit verlieren und deine gute Laune wahrscheinlich auch.

(Das Vermuren zur Kompaßregulierung ist eine spezifisch italienische Methode, die auch in Spanien gelegentlich praktiziert wird. Üblicher ist aber in Spanien bei Yachten die amerikanische Methode des freien Fahrens auf engem Raum, etwa um eine Tonne oder in einem kleinen Hafenbecken und Peilens einer fernen Marke. In Deutschland genießen Deviationsdalben oder -tonne den Vorzug, aber auch die amerikanische Methode wird jetzt häufiger praktiziert.)

Schiff drehen

Wir hatten schon gesehen, daß man es aus zweierlei Gründen tut:

1. Zur Messung der (sozusagen) Rohdeviation des unkompensierten Kompaß und daraus abzuleitender Komponenten A, B, C, D, E, um sicherzugehen, daß der Kompaß an einem guten Ort aufgestellt worden ist. Diese Operation macht man einmal und nie wieder, außer das Schiff habe größere Umbauten erfahren, sei vom Blitz getroffen worden oder der Kompaß werde umgestellt.
2. Zur Messung der Restdeviation nach Kompensierung.

In beiden Fällen ist es völlig ausreichend, alle 30° die Deviation zu messen, diese Werte auf Diagrammpapier oder Millimeterpapier einzuzeichnen und eine glatte Kurve durch diese Punkte zu ziehen. (Die Deviation macht keine plötzlichen Sprünge und spitzwinklige Richtungsänderungen, deswegen bringen doppelt soviele Kurshalte keineswegs doppelte Genauigkeit sondern eher wegen der langweiligen Prozedur mehr verwirrende Meßfehler.)

Aus der aufgezeichneten Rohdeviationskurve entnimmt man:

1. Im Falle (1) die Deviationswerte für die Haupt- und die Zwischen-Himmelsrichtungen, aus denen A, B, C, D und E berechnet werden (siehe Seite 124).
2. Im Falle (2) zeichnet man noch die Restdeviationskurve ein, aus der man die Steuertafelwerte entnimmt.

Durch Zeichnen eines solchen Diagramms erspart man sich beim Drehen des Schiffs überdies die mühevolle und unnötige Arbeit, daß Schiff exakt auf 30, 60, 90° usw. zu warpen, denn auf dem Diagrammpapier ist der Punkt für die Deviation bei 58° ohne weiteres im Koordinatennetz darstellbar und zum Zeichnen der Kurve ebenso brauchbar wie einer für exakt 60°.

Wenn ich einen persönlichen Rat geben darf, brauche nie Formeln, sondern versuche dir einzuprägen, das die Deviation West ist, wenn der Kompaß mehr anzeigt (best ist) als den mißweisenden Kurs — und umgekehrt. Wer etwas Englisch versteht, kann sich den Merkspruch einprägen:

Deviation west compass reads best
Deviation east compass reads least.

Das Kompensieren der magnetischen Störungen

Im Gegensatz zum Drehen des Schiffs zur Feststellung der Deviation kommt es beim Kompensieren darauf an, daß das Schiff *exakt* auf den Kursen mN (Gegenprobe mS) und mE (Gegenprobe mW) gehalten wird. Um dieses zu erreichen, müssen die entsprechenden Seitenpeilungen aus der Peilungstafel nach Muster A.1 oder A.2 gefunden werden, und das Schiff muß dann *exakt* in diese Peilung gewarpt und in ihr gehalten werden, bis die betreffende Komponente kompensiert ist, beziehungsweise die Restfehlerhalbierung bei der Gegenprobe ausgeführt ist. Das ist dann auch der Grund, warum man nach einem geschützten Platz suchen und auf einen ruhigen Tag für die Prozedur warten muß.

Wann muß die Regulierung wiederholt werden?

Der Kompaß sollte geprüft und erforderlichenfalls neu reguliert werden, kurz nachdem die Yacht für die neue Saison zu Wasser gebracht worden ist. Ferner sind die Maßnahmen fällig, nachdem größere Umbauten an der Yacht vorgenommen worden sind; „verdächtig" sind auch immer Reparaturen an der Ruderleitung, wenn das Rad an der Kompaßsäule montiert ist, oder das Boot bei einer Reise einen Breitenunterschied von 15° und mehr hinter sich gebracht hat. Auch muß man daran denken, daß die Kompensiermagnete mit den Jahren allmählich an magnetischer Kraft verlieren.

Schlußbemerkung

Bevor ich diesen Abschnitt abschließe, möchte ich einen Punkt ausdrücklich betonen: Viele Leute glauben, daß die Regulierung des Kompaß und die Feststellung seiner Ablenkung eine Art schwarzer Magie sei, die nur einige wenige geweihte Experten beherrschen können, und — mag man mich auch respektlos nennen — viele dieser Experten tun auch alles zur Stärkung dieses Glaubens.

Tatsächlich ist aber die Regulierung des Kompaß auf einer Holz-, Glasharz- und Aluminiumyacht wirklich ein Kinderspiel. Leg die Yacht mit dem Vorsteven auf magnetisch Nord und plaziere den Dwarsmagneten auf der Längsachse des Kompaß so, daß am Steuerstrich des Kompaß 000 oder N anliegt. Leg das Boot mit dem Vorsteven nach magnetisch Ost und verschiebe den Längsmagneten auf der (gedachten) Querachse des Kompaß näher oder ferner, bis am Steuerstrich 090 anliegt. Nun lege das Schiff noch auf magnetisch Süd und magnetisch West und halbiere die Fehler, falls sich welche zeigen sollten, falls der Kompaß dann nicht 180, beziehungsweise 270 zeigen sollte.

Bei der ganzen Sache gibt es nur ein schwieriges Problem, das mit Magnetismus und Kompaß aber nichts zu tun hat: Die Yacht auf den verlangten magnetischen Kurs legen und halten, bis die Kompensiermagnetchen dort plaziert sind, wo sie hingehören. Wenn du aber ein guter Seemann bist, dürfte dieses für dich kein sehr großes Problem sein.

Stichwortverzeichnis